BIBLIOTHÈQUE NATIONALE

M. de La Roo[...]

Brochure renvoyée par l'État-
major de l'armée et trouvée à la
Bibliothèque du ministère de la
Guerre —

J'ai accusé réception et
remercié.
                                    E.

14 MARS 1932

LES CÔTES

DE LA MANCHE

CHERBOURG

LES CÔTES
DE LA MANCHE

CHERBOURG

PAR

M. LE BARON BAUDE

DE L'INSTITUT

EXTRAIT
DE LA REVUE DES DEUX MONDES
LIVRAISONS DES 15 DÉCEMBRE 1858 ET 15 JANVIER 1859

PARIS
IMPRIMERIE DE J. CLAYE
7 RUE SAINT-BENOÎT

1859

LES
CÔTES DE LA MANCHE

CHERBOURG

I.

LA RADE ET LE PORT MILITAIRE.

> Littusque rogamus
> Innocuum et cunctis undamque auramque patentem.
> (Æn., l. vii.)

Lorsque le cardinal de Richelieu fit faire en 1639 et 1640 la recherche d'un emplacement propre à recevoir le port militaire dont il jugeait l'établissement sur les côtes de la Manche indispensable, Cherbourg fut le terme de l'exploration de ses commissaires, et, tout bien choisis qu'ils étaient, ils n'eurent aucun pressentiment des destinées de cet atterrage : ils n'y virent « qu'un bon abri ouvert en arrière de rochers dangereux, » et en repartirent après un séjour de vingt-quatre heures. Ils y seraient vainement restés plus longtemps : l'art des constructions, les finances de l'état étaient encore dans l'enfance, et l'on ne pouvait pas rêver une transformation dont l'accomplissement devait exiger tout l'effort de la virilité. Cinquante-trois années s'écoulèrent, et la fatale bataille de La Hougue, gagnée par quatre-vingt-dix vaisseaux de ligne et trente-sept frégates et brûlots anglais et hollandais contre les quarante-quatre vaisseaux et les treize brûlots de Tourville, apprit à tout le monde ce qu'avait prévu le grand cardinal, la nécessité d'avoir dans la Manche un point d'appui et un refuge pour nos flottes : Vauban reçut ordre d'aller en jeter les fondemens à La Hougue. Ses premières études firent comprendre les irrémédiables infirmités de cette position; mais en la condamnant, il mit en relief les avantages de celle de Cherbourg, et c'est ainsi que la création d'un des grands établissemens maritimes du globe est devenue la réponse de notre pays au désastre de La Hougue.

La presqu'île du Cotentin projette au travers de la Manche, et à distances égales des deux extrémités de ce passage du plus vaste commerce du monde, de ce théâtre des plus grandes actions et des plus grands désastres maritimes qu'ait enregistrés l'histoire, un massif carré de douze lieues de côté. Cherbourg occupe entre les caps de La Hague et de Barfleur le milieu de la face septentrionale de cette espèce de bastion. Les marées, poussées dans le canal ou rappelées vers l'ouest, passent rapidement devant la presqu'île et se précipitent avec une rare violence sur ses flancs. Les accumulations et les vides alternativement formés par les oscillations de l'Océan, d'un côté dans la baie de Saint-Malo, de l'autre dans celle de la Seine, font passer et repasser par les raz de La Hague et de Barfleur d'énormes masses d'eau, et y entretiennent un tumulte qui ne s'apaise que par intermittences, aux momens où les courans de marée mollissent, s'arrêtent et commencent à se renverser. Ouvert au fond du croissant que décrit la côte, l'atterrage de Cherbourg a de tout temps été le refuge naturel des navires exposés sur cette mer orageuse. Maintenant, élargi et perfectionné par l'art, il couvre comme une garde avancée les côtes de la Normandie entière et d'une partie de la Bretagne. Il est en face et à 130 kilomètres de Portsmouth, à 120 de Poole et de Portland, à 200 de Plymouth, à 250 de Falmouth, et le revers occidental de la presqu'île est contre-battu par les îles normandes d'Aurigny, de Sercq, de Jersey, qui, pourvues de vastes abris, et ayant suivi la condition de leur duc, lorsqu'il subjugua l'Angleterre, rendent en dévouement à la métropole conquise ce qu'elles en reçoivent en priviléges. Opposée à cette circonvallation redoutable, la position de Cherbourg mérite la qualification d'audacieuse que lui donnait Vauban. Son aspect du côté de la terre est digne de ses destinées maritimes. Le milieu de la presqu'île est formé d'alluvions; les alluvions sont enveloppées dans des schistes, et les schistes le sont dans des granits qui, se dressant brusquement au nord, revêtent d'une armure indestructible les terrains friables qu'auraient entamés les assauts de l'Océan. Les avantages stratégiques attirent le danger, et les villes placées comme Cherbourg n'ont pas le choix de leur sort : une obscurité paisible ne leur est pas permise; il n'est point de milieu pour elles entre la grandeur et l'humiliation, et leurs voisins les oppriment quand ils n'ont pas sujet de les craindre. C'est là toute l'histoire de Cherbourg, et les Anglais qui s'étonnent des soins que nous donnons à ce port se souviennent bien peu des annales de leur propre pays.

I.

On a souvent répété depuis Froissart que César fonda Cherbourg quand il voulut conquérir la Grande-Bretagne. Sans entrer dans les discussions des érudits sur cette origine, on peut se contenter du témoignage de Vauban, qui trouva en 1686, dans les murailles de l'ancien château, des maçonneries manifestement romaines. L'importance de la base d'opérations qu'offrait cette côte ne pouvait pas échapper au génie militaire des conquérans de l'ancien monde, et l'acharnement avec lequel nous l'ont si longtemps disputée nos voisins d'Outre-Manche témoigne qu'ils ne l'ont pas moins bien comprise.

Cherbourg, qui depuis Clovis relevait directement de la couronne de France, passa en 912, avec la Normandie, sous l'autorité de Rollon, et de cette époque à 1450, particulièrement à partir de la conquête de l'Angleterre en 1066 par le duc Guillaume, la ville fut entraînée dans toutes les vicissitudes dont fut affligée la province. Rien n'égale la tristesse de cette période. Après deux siècles de tiraillemens, Édouard Ier fit hommage en 1286 à Philippe le Bel du duché de Normandie; mais la guerre éclatant bientôt entre les couronnes de France et d'Angleterre, les Anglais descendirent à Cherbourg en 1295, et le brûlèrent après l'avoir pillé. La nécessité de prévenir le retour d'un semblable danger donna lieu en 1300 à la construction des premières fortifications. On éprouva bientôt combien elles étaient nécessaires. En 1346, les Anglais s'emparèrent de Barfleur, port alors florissant, « et allèrent tant, dit Froissart, qu'ils vinrent en une bonne, grosse et riche ville qui s'appelle Chierbourg, mais dans le castel ne purent y entrer; ils le trouvèrent trop fort et bien garni de gens d'armes, puis passèrent outre. » Ils se dédommagèrent en mettant à feu et à sang tout ce qui était sans défense dans le reste du Cotentin, et l'armée qui avait reculé devant Cherbourg alla gagner la bataille de Crécy. Donné en apanage à Charles le Mauvais, roi de Navarre, Cherbourg fut entouré vers 1359 de fortifications beaucoup plus puissantes. En 1378, le Navarrois tenta de faire assassiner le roi Charles V, s'allia aux Anglais, et leur livra Cherbourg, qu'il ne se flattait pas de conserver avec ses seules forces. Du Guesclin lui enleva successivement toutes les autres places du comté d'Évreux et du Cotentin. « Quand voyoit ceulx de dedans oppressés, les requéroit qu'ils se rendissent ou tous seroient morts s'ils estoient prins de force : c'estoient les promesses que le connestable faisoit par coutume. » A force de prendre ainsi des villes et d'en expulser les défenseurs, le connétable les avait laissés former dans Cherbourg, où ils se retiraient, une garnison d'élite : elle y fut ralliée par Robert le Roux avec une forte division anglaise, et la mer étant libre, la place était continuellement ravitaillée d'hommes et de munitions. « Les François l'assiégèrent de tous côtés, fors par mer, et s'amesnagèrent et pourvurent pour y demourer sans en partir fors qu'ils l'eussent prins. Messire Robert le Roux et sa route faisoient maintes saillies de jour et de nuit, et n'y requirent oncques les François à faire faict d'armes qu'ils ne trouvassent bien à qui. Le siége dura tout l'esté; demourèrent les François devant Cherbourg jusques bien avant dans l'hyver, à grant mise, à petit conquest. Si advisèrent qu'ils gastoyent leur temps, et que Cherbourg estoit imprenable, et que tout rafreschissement, tant de vivres que de gens d'armes, y venoit par mer. Par quoi les François se deslogèrent et mirent bonnes garnisons à l'encontre de Cherbourg (1). »

Telle fut l'issue de l'entreprise de Du Guesclin. La couronne ne recouvra Cherbourg qu'en 1396 par la trève de vingt-huit ans conclue avec Richard II, et cette *cession d'une entrée des Anglais en France* fut, trois ans plus tard, une des causes principales de la déposition de ce prince. Puis vint la démence de Charles VI. Henri V descendit en Normandie en 1418, et fit assiéger Cherbourg par son frère, le duc de Glocester : la place, vaillamment défendue, résistait depuis dix mois, « en la fin duquel temps la rendit messire Jean d'Engenne, qui en estoit le capitaine, moyennant qu'il en eust certaine somme d'argent au partir et bon sauf-conduit pour aller où bon lui sembleroit : il alla en la cité de Rouen quand elle fut conquise par lesdits Anglois, et là séjourna, tant que son dit sauf-conduit fut passé, sur la fiance d'aucuns seigneurs anglais qui lui donnèrent à entendre qu'ils le lui feroient rallonger; mais au derrain il en fut trompé, et lui fist le roy d'Angleterre trancher la teste, dont aucuns François furent assez joyeulx pour ce qu'il avoit rendu la place susdicte par convoitise d'argent au préjudice du roy de France (2). » Cherbourg, conquis de cette manière, devait être la dernière place qu'évacueraient les Anglais, lorsqu'ils furent définitivement expulsés de France après la bataille de Formigny. Le connétable de Richemont vint l'investir au mois de juillet 1450. « Les François qui

(1) *Chronique de Froissart.*
(2) *Chronique d'Enguerran de Monstrelet.*

devant estoient y eurent beaucoup de peine et de travail, car ils y firent plusieurs grans approuchemens, et firent battre ladite ville de canons et bombardes et de plusieurs aultres engins merveilleusement et le plus subtilement que oncques homme vit; car ils assirent bombardes en la mer là où elle venoit deux fois le jour, qui grevèrent fort la place et tellement que les Anglois qui estoient dedans ne savoient que faire de eulx rendre, voyant qu'ils ne povoient plus tenir ne résister..... Il y eut durant le siége maintes belles armes faites, et tant que Thomas Gouel rendit lesdites villes et chastel de Chierebourg, dont il estoit capitaine pour le roy d'Angleterre, le 12 août, qui est la plus forte place de Normandie sans nulle excepter..... Ainsi fut conquise la duchié de Normandie et toutes les cités, villes et chasteaux d'icelle mis en l'obéissance du roy (1). » La France était délivrée, et le roi, qui apprit à Tours ce grand événement, ordonna dans tout le royaume des prières et des actions de grâces qui n'ont jamais cessé d'être répétées le 12 août dans la cathédrale de Coutances.

La constance éprouvée dans ces luttes séculaires et les sacrifices qu'imposait à la ville de Cherbourg le soin de sa défense contre les Anglais lui valurent en 1464, en 1483, en 1498, en 1532, de nombreuses franchises de la part des rois Louis XI, Charles VIII, Louis XII et François Ier. Ces titres sont bons à rappeler, et la population de Cherbourg serait bien dégénérée, si jamais elle se laissait arracher le dépôt de gloire que lui a légué le passé.

On aurait pu croire qu'après cent ans et plus de renonciation à leur prétention d'être des Normands, les Anglais se tiendraient tranquilles : ils saisirent les occasions que leur offraient les guerres de religion pour revenir dans le Cotentin. Ils s'allièrent aux huguenots et descendirent en 1562 et en 1572 sur la plage de La Hougue sous la conduite de Montgomery : ils ravagèrent les campagnes, mais vinrent deux fois échouer devant la résolution des habitans de Cherbourg et les dispositions de l'intrépide et sage maréchal de Matignon. Ces événemens furent suivis d'un assez long repos. Malgré l'insouciance de l'avenir que produit d'habitude parmi nous la sécurité du présent, on avait songé en 1647 à créer un grand refuge maritime à Cherbourg; mais la dépense avait paru si disproportionnée avec les ressources disponibles que tout avait été ajourné. Colbert mourut en 1683 après avoir mis le pays en possession d'une flotte de cent quatre-vingt-dix-huit vaisseaux de ligne, et les dangers auxquels l'insuffisance des ports de la Manche laissait ce matériel exposé rappelèrent l'attention sur les anciens projets d'y

(1) Alain Chartier, *Histoire de Charles VII*.

créer un abri. Vauban fut chargé de les étudier de nouveau. Il vint en 1686 à Cherbourg, et trouva le pays dans un état qui expliquait trop bien les avantages si longtemps remportés par les Anglais sur cette côte. On voit aujourd'hui même, au relief et à la nature des terrains, que la partie montueuse de la presqu'île n'a tenu jadis au continent que par une étroite chaîne de collines; les eaux de la mer en baignaient vers Port-Bail les deux bords; elles remplissaient la profonde échancrure de 18,000 hectares de surface dans laquelle de lentes alluvions ont formé les marais du Cotentin. Ces marais ont été longtemps absolument impraticables; on ne les traversait encore, quand Vauban les visita, que sur la chaussée fangeuse de Carentan ou sur une rangée de grandes pierres espacées de deux en deux pieds au-dessus de la vase fluide : les marais franchis, il restait à gravir, au travers de bois dans lesquels l'infanterie elle-même ne cheminait que la hache, la serpe et la pioche à la main, le soulèvement rocailleux qui forme le front septentrional de la presqu'île : pour peu que les crêtes en fussent défendues et que l'isthme fût intercepté, Cherbourg, facilement abordable par mer, était presque inaccessible par terre. Si tel était encore le pays sous Louis XIV, que devait-ce être sous les premiers Valois, et quelles facilités les Anglais n'avaient-ils pas d'y descendre et de s'y maintenir sous la triple protection des marais, des bois et des montagnes?

La difficulté de communiquer de l'intérieur avec Cherbourg était, comme on voit, fort grande en 1686; elle impliquait la difficulté même de lui porter secours, et de là suivait l'obligation de tenir sur place les forces nécessaires à la défense. La ville qui s'offrit aux yeux de Vauban était précisément celle que le connétable de Richemont avait replacée sous le sceptre de Charles VII; c'était le moyen âge dans toute sa négligente âpreté. Sombre et malsaine, elle gisait entre de hautes murailles à l'ouest du bassin du commerce actuel, et son port était la partie profonde d'une lagune qui s'étendait sur les emplacemens de notre bassin de réserve et des quartiers adjacens. C'est sur ces bases étroites qu'il s'agissait d'établir un refuge pour une flotte et une place capable de soutenir un siége en règle contre l'art moderne. L'état des finances et celui de l'atterrage résistaient d'ailleurs à l'adoption de trop vastes projets. La mer avait à l'ouest du mouillage assez de profondeur pour le flottage des vaisseaux de ligne; mais le creusement d'un port sur ce point exigeait des sacrifices que le trésor était hors d'état de supporter; la transformation du port de l'est était praticable, à la condition de n'y recevoir que des frégates. Pour rester dans les limites du possible, on se résigna au second parti. Vauban estima les dépenses indispensables à 2,102,409 livres. Creusée d'un côté, remblayée de l'autre, la lagune sur l'emplacement de laquelle est aujourd'hui le bassin du commerce devint un port pourvu d'écluses de chasse et capable de contenir quarante frégates de vingt à quarante canons et autant de bâtimens marchands ; les faubourgs furent enveloppés dans une enceinte bastionnée ; des quartiers salubres et des magasins pour trois mille hommes d'infanterie et trois cents de cavalerie s'élevèrent ; les travaux militaires et les travaux maritimes furent combinés de manière à se prêter un appui réciproque et à procurer à la ville un assainissement complet. Ce fut alors aussi que fut posé, avec une sûreté de coup d'œil qu'aucune observation postérieure n'a démentie, le principe de la défense de la ville du côté de la terre. L'entreprise, commencée en 1687, fut poussée avec vigueur en 1688, et Vauban se flattait d'avoir doté la France d'une place qui rendrait désormais vaines les attaques contre la presqu'île du Cotentin et d'un port qui, placé sur le chemin de tout le commerce de la Manche, serait en temps de guerre le refuge de nos alliés et le désespoir de nos ennemis. Malheureusement des conseils timides, dont le pressentiment perce dans la réfutation anticipée qu'il en fit dans son mémoire de 1686, prévalurent bientôt. Tandis que les fortifications qu'il avait tracées s'élevaient, la ligue célèbre dans laquelle l'Europe presque entière se coalisa contre Louis XIV se formait à Augsbourg ; d'un autre côté, Guillaume d'Orange débarquait en Angleterre le 15 novembre 1688, et sa prochaine élévation au trône était dès cet instant facile à prévoir. Obligé de faire à la fois face au nord, sur le Rhin, sur les Alpes et sur les Pyrénées, le roi craignit qu'une descente des Anglais ne mît Cherbourg entre les mains du plus habile et du plus constant de ses ennemis. La démolition des fortifications, qu'il aurait été difficile de reprendre, fut ordonnée au commencement de décembre 1688, et poursuivie avec une telle activité qu'elle était finie en mars de l'année suivante. Vauban, consulté après coup, écrivait d'Amiens le 25 janvier 1688 à Louvois :

« Je n'ose quasi vous dire, monseigneur, que, si le vieux Cherbourg n'étoit pas commencé d'abattre, il faudroit en tout cas se contenter de le miner et le château aussi, et cependant continuer la nouvelle fortification ; car peut-être les Anglois auront-ils assez d'affaires chez eux pendant cette année pour ne pas songer à celles des autres. D'ailleurs je crains que le rasement de cette place ne les attire là... Faites-vous représenter les mémoires et les plans que j'ai faits, et vous verrez que cette place ferme la plus dangereuse porte du royaume aux ennemis. Du moins il ne faudroit pas aller si vite en besogne, mais se contenter de faire miner les ouvrages pour être en état de les faire sauter au besoin. Je vous demande pardon si je prends la liberté de revenir à la charge ; mais je ne me puis ôter de l'esprit le danger auquel nous nous exposons par ce rasement. »

Des conseils si sages ne furent point écoutés, et Louvois répondit sèchement le 2 février : « Je vous ferai convenir, quand je vous verrai, que rien n'est plus contraire au service du roi que ce que vous proposez pour la conservation de Cherbourg. » Quand le désastre de La Hougue eut donné la fatale démonstration de la nécessité d'un grand abri dans la Manche, Vauban revit son ouvrage dans l'état où l avait mis une fausse appréciation de la politique de Guillaume III, et il n'eut rien à rétracter de ses premiers sentimens. Il écrivait en 1694, à l'aspect de ces ruines :

« La surprise du commencement de cette guerre a causé la démolition de cette place, à qui il ne manquoit plus que cinq ou six mois de travail pour être dans un très bon état de défense. Elle se trouvoit sur le milieu de la Manche, à vingt-cinq lieues de la côte d'Angleterre, occupant naturellement le derrière de toutes les descentes de la presqu'île, fortifiée sur un dessin qui la rendoit la meilleure place du royaume. C'étoit une des clés les plus importantes de l'état et l'une de ses bornes les mieux marquées. Cette place est tellement démolie qu'on n'y connoit plus trace de fortification vieille ni nouvelle que par les monstrueux quartiers de murailles renversées des vieilles tours de son château, que je n'ai pu voir sans mal de cœur... Suivant le dessin qui en avoit été fait, le bassin de Cherbourg auroit contenu à flot vingt-cinq à trente frégates de quarante-quatre pièces de canon, et son avant-port toute sorte de bâtimens qui auroient pu échouer. Il est présentement comme il étoit avant qu'on eût touché à cette place. »

Le rapport que fit en 1700 M. Le Peletier, inspecteur-général du génie, exprime les mêmes sentimens. « Cherbourg, fortifié en 1687 par M. de Vauban, avoit, dit-il, cinq grands bastions et des ouvrages avancés... Les bastions étoient au cordon quand on a rasé l'ancienne et la nouvelle enceinte. Il en a coûté à peu près pour cette opération ce qu'il en auroit coûté pour tout terminer. » M. Le Peletier aurait pu ajouter que si les batteries élevées par Vauban étaient restées debout, elles auraient probablement sauvé l'équivalent de leur valeur dans les cinq vaisseaux échappés du désastre de La Hougue, qui furent attaqués et brûlés à leur portée par dix-sept vaisseaux anglais.

Quand les rades de La Hougue et de Cherbourg étaient dans leur état naturel, la première pouvait mettre en sûreté plus de vaisseaux de ligne que la seconde de bâtimens de flottille. Cette donnée était assez spécieuse pour inspirer la pensée de créer à La Hougue un établissement capable de sauver une flotte de la force de celle que nous y avions perdue le 29 mai 1692 (1), et Vauban fut chargé d'en

(1) Quelques historiographes des fêtes de Cherbourg et de Brest ont fait du cap de La Hague le témoin de la glorieuse défaite de Tourville. C'est à vingt lieues de là, à

étudier les projets. Il fit comprendre qu'une position que les vents d'ouest rendaient inaccessible, dont ceux de l'est et du nord favorisaient l'attaque et paralysaient la défense, où la retraite était incertaine et la faculté d'entreprendre très limitée, ne pouvait jamais avoir qu'un rôle secondaire; mais, en réduisant à ce rang l'atterrage de La Hougue, il montra tous les avantages qui lui manquaient réunis dans celui de Cherbourg. Là, l'entrée et la sortie sont également faciles par tous les vents; on est sur le champ des grands périls et des grandes entreprises; il suffit de s'avancer de quinze milles en mer pour avoir de la côte de France à celle d'Angleterre la vue de tout le canal, en surveiller le passage, savoir tout ce qu'il faut attendre et tout ce qu'il faut appréhender : c'est pour les escadres comme pour les simples croiseurs la mieux placée des bases d'opération, le foyer des plus redoutables attaques, la retraite la plus sûre et la plus ouverte. Une seule chose y manquait à la fin du xviie siècle : c'était un bassin assez vaste et assez profond pour recevoir le concours de navires qu'attireraient les avantages et les dangers de la position. — Cherbourg était d'ailleurs aux yeux de Vauban quelque chose de plus qu'un établissement maritime : il voyait dans la création d'une place assez forte pour détourner les Anglais du renouvellement de leurs entreprises sur le Cotentin une garantie que nos armées ne seraient pas rappelées de ce côté quand elles seraient occupées sur d'autres frontières. Son projet était d'enraciner sur la pointe du Houmet et sur l'Ile-Pelée deux jetées, l'une de 200 toises, l'autre de 600, laissant entre leurs musoirs une passe de 900 toises. Cet établissement, dont Bélidor a reproduit le dessin dans son *Architecture hydraulique,* aurait ressemblé à celui que nous fondons à Alger : il n'aurait couvert que la petite rade, et, faute d'espace pour le mouillage, les vaisseaux de ligne se seraient amarrés sur la jetée de l'ouest (1). C'était beaucoup d'étendue pour

l'est de la presqu'île du Cotentin, en vue de *La Hougue,* que la bataille a été donnée. On peut consulter à ce sujet, entre autres documens, les cartes n°s 846, 847 et 849 du dépôt de la marine.

(1) L'insuffisance du premier projet de Vauban n'était pas de son temps aussi choquante qu'elle paraît l'être aujourd'hui : les dimensions des vaisseaux étaient beaucoup moindres, et des profondeurs d'eau d'où ils sont exclus les admettaient alors parfaitement. Ces différences étaient déjà très marquées sous le règne de Louis XVI, et elles sont trop bien caractérisées dans une note du maréchal de Castries, relative aux travaux de Cherbourg, pour qu'il soit hors de propos de la citer ici : « Quoique tous les historiens du règne de Louis XIV, disait le maréchal, aient élevé très haut les forces de la marine qu'il avait créée, il suffira, pour donner une idée juste et proportionnelle de ses forces avec celles que les puissances maritimes ont depuis mises en mer, de remarquer que les cent vaisseaux que ce prince a armés n'employaient que trente-quatre mille hommes, lorsque les soixante-quinze vaisseaux armés dans la dernière guerre (1778 à 1783), y compris plus de cent bâtimens inférieurs, en employaient plus de quatre-

un port, c'en était bien peu pour une rade, et Vauban avait senti lui-même le côté faible de ce système, car il en avait proposé un second. Laissant, en attendant mieux, la rade comme elle était, il voulait creuser au fond de l'anse du Galet un avant-port, un vaste bassin à flot, construire autour de ce bassin des magasins et des chantiers, et envelopper le tout dans une enceinte fortifiée. Les malheurs et les embarras financiers du dernier tiers du règne de Louis XIV firent renvoyer ces travaux à d'autres temps, et Vauban mourut avec le regret de n'y pas avoir mis la main. De nos jours, ses conseils ont été suivis sur le port, rejetés sur la rade; mais le service éminent qu'il a rendu a été de mettre en évidence la supériorité stratégique de la position de Cherbourg, et de démontrer que l'arsenal de la Manche y devait être et non ailleurs. Pendant le siècle qui s'est écoulé de l'époque de ses études à celle du choix définitif d'un emplacement, la préférence à laquelle il avait conclu a plusieurs fois été remise en question, et toujours on en est revenu à son opinion par les raisons qu'il avait déduites. Cette détermination était le point capital de l'entreprise, et c'est en s'inspirant de son bon sens et de son génie qu'on a élevé sur les bases qu'il avait posées des conceptions fort supérieures aux siennes.

Les écluses et les murs du port de commerce furent relevés en 1738, et tout resta paisible dans le Cotentin jusqu'à la guerre de sept ans. Cherbourg fut alors témoin d'une défaillance inexplicable. Le comte de Rémond, maréchal de camp, y commandait en 1758 quatre bataillons d'infanterie, deux cents dragons et trois mille gardes-côtes. Le 2 mai, une flotte anglaise d'une centaine de voiles vint défiler devant la ville; elle se représenta le 29 juin, mouilla, et repartit le surlendemain. Ces deux avertissemens donnés, elle débarqua le 5 août un corps de six mille hommes d'infanterie et de six cents chevaux au pied des coteaux d'Urville, à 10 kilomètres à l'ouest de Cherbourg. Ce lieu, nommé l'Endemer, est l'extrémité d'une plage dominée par des collines dont un contre-fort la ferme à Querqueville; les Anglais y étaient au fond d'un hémicycle, exposés de tous côtés à des feux plongeans. Assis sur une croupe dont la mer baigne le pied, le village de Querqueville offre dans son église et son cimetière une position presque inexpugnable, et cet obstacle surmonté, l'ennemi trouvait dans la petite

vingt-dix mille. Sous Louis XIV, on appelait vaisseaux de guerre les vaisseaux de quarante canons, dont la plupart ne portaient que du 12. On n'a mis en ligne depuis que des vaisseaux de soixante-quatre, portant du 24, et depuis la paix de 1783, tous les vaisseaux de ligne doivent être au moins de soixante-quatorze, et porter du 36. On a d'ailleurs le double et le triple de ce qu'on avait de bâtimens légers sous Louis XIV. »

plaine de Sainte-Anne un terrain non moins défavorable. Il ne fallait qu'avoir des armes pour écraser les Anglais dans leur marche. Un bataillon du régiment irlandais de Clare demandait à les charger à mesure qu'ils mettraient pied à terre; M. de Rémond le fit retirer. Supposant un piége caché sous cette inaction, l'ennemi mit trois jours à se former et à franchir les deux lieues qui le séparaient de son but. Ces trois jours, le comte ne les perdait pas; il faisait enclouer ses canons; il opérait son déménagement sur Valognes; il coupait derrière lui des ponts dont la rupture ne gêna que ceux qui vinrent bientôt délivrer Cherbourg, si bien que, lorsque les Anglais se présentèrent aux portes de la ville à moitié déserte, ils n'y trouvèrent pour les recevoir que le curé et ses vicaires. Ils s'installèrent à l'aise, faisant main basse sur les provisions des habitans, frappant des réquisitions et menaçant, chaque fois qu'ils n'étaient pas servis assez vite, de mettre le feu partout. Après deux pillages méthodiques faits l'un par les soldats, l'autre par les matelots, ils débarquèrent quarante femmes dont la présence à bord de la flotte ne pouvait s'expliquer par aucun motif honnête; elles montrèrent cent fois plus de férocité qu'une soldatesque effrénée, dévalisèrent surtout les églises et en firent le théâtre de leurs orgies. Le général Blygh, commandant l'armée, mit plus d'ordre dans ses opérations; il mit à rançon les fabriques de glaces et de verre du voisinage, leva sur la ville une contribution de 44,000 francs, brûla trente-sept navires, en amarina quatre, fit embarquer les cloches de l'abbaye, l'artillerie et les armes en état de servir, et employa à faire sauter les fortifications, les quais, les écluses du port, cent cinquante milliers de poudre que M. de Rémond avait eu l'attention de lui laisser. L'épuisement des ressources locales et le besoin de piller faisaient cependant sortir les Anglais de la ville; ils rencontrèrent au dehors les bourgeois qui l'avaient quittée et des troupes de soldats et de paysans armés : ces partis prirent ou tuèrent au delà de sept cents maraudeurs; un meunier de la paroisse de Martinvast en tua sept à lui seul. Tandis que cette défense spontanée s'organisait, des secours arrivaient, et le 16 août le duc de Luxembourg occupait avec seize mille hommes les hauteurs qui commandent la place. Il ne pressa point le rembarquement des troupes du général Blygh, et elles ne laissèrent derrière elles d'autres traces de précipitation que des outils et des sacs à poudre auprès de mines commencées. Les Anglais se proposaient de cueillir les mêmes lauriers en Bretagne, mais ils y furent plus énergiquement reçus, et la bataille de Saint-Cast les dégoûta des descentes pour le reste de la guerre. Le comte de Rémond ne fut point fusillé; c'était sans doute un protégé de Mme de Pompadour, et l'épisode de Cherbourg était à sa place entre les déroutes de Minden et de Rosbach, dues à des généraux du choix de cette créature.

Le jour de l'anniversaire séculaire de l'aventure de 1758, la rade et les quais de Cherbourg retentissaient de cris de : *Vive la reine Victoria !* Au milieu de cet enthousiasme hospitalier, notre gracieuse alliée a pu sourire à l'aspect des traces d'une visite moins amicale que conserve la jetée orientale du port de commerce; l'assemblage un peu confus de roches brutes et de pierres taillées que présentent les 250 premiers mètres de cette construction est formé des débris de la belle jetée renversée il y a cent ans.

Dans les troupes accourues alors à la défense de Cherbourg se trouvait un jeune enseigne auquel une place était réservée dans l'histoire. Intrépide, spirituel, présomptueux, improvisateur capable d'application, inépuisable en ressources, se jouant des obstacles dont s'effrayaient les autres, se connaissant et prétendant à tout, rarement gêné par ses affections, justifiant une ambition effrénée par d'incontestables talens, subalterne incommode, supérieur facile, aussi propre au conseil qu'à l'action, et quelquefois plus digne d'admiration que d'estime, tel était Dumouriez, le futur vainqueur de Jemmapes. Revenu des guerres de Corse et de Pologne avec le grade de colonel, il fut placé en 1776 dans une commission chargée d'étudier les emplacemens propres à recevoir le port militaire de la Manche, qu'on demandait depuis François Ier. Le gouvernement hésitait encore entre Ambleteuse, Boulogne et Cherbourg. La commission se prononça pour Cherbourg, en se fondant sur les motifs de Vauban, et Dumouriez ajouta au travail commun des observations si frappantes de justesse sur la nécessité de mettre le Cotentin à l'abri d'une autre expédition de 1758, qu'en lisant le mémoire, Louis XVI écrivit en marge : *Dumouriez, commandant de Cherbourg.*

A peine en possession de son commandement, Dumouriez imprima à toutes les branches de son service l'activité dont il était dévoré, et, comprenant combien la force militaire emprunte d'alimens à l'agriculture et à la navigation, il n'eut garde d'oublier ces deux industries nourricières. Laissons-le faire des mémoires pour l'académie de Cherbourg, créer une artillerie de rempart avec les canons oubliés qu'il fait ramasser le long des grèves, élever des batteries, fonder des forts sans l'autorisation et parfois malgré les injonctions du ministère (1), se désoler de ce que les Anglais de M. de Rémond ne revenaient pas, et arrivons au grand acte dans lequel il

(1) C'est dans ces circonstances que le prince de Montbarey, ministre de la guerre, ayant réprimandé le commandant de Cherbourg sur ce qu'il risquait de compromettre l'artillerie du roi, Dumouriez répondit qu'il avait cru que *l'artillerie de sa majesté était faite pour être compromise.*

n'a pas craint de s'attribuer l'influence prédominante, à la fondation de l'établissement maritime dont nous nous glorifions aujourd'hui. Ce chapitre de notre histoire navale est encore assez confus à quelques égards, et l'on sait imparfaitement quelle fut la part de chacun dans cette création. Une communication due à la bienveillance de M. le duc d'Harcourt et à celle de M. le duc de Castries a rectifié mes idées sur beaucoup de choses que je croyais savoir, parce que je les avais entendu répéter. Les correspondances sont plus sincères que les mémoires; c'est des correspondances que j'essaierai de déduire l'exposé des faits relatifs à une des entreprises qui font le plus d'honneur à la France.

II.

Louis XVI montait sur le trône en 1774 avec la résolution de relever la marine de sa décadence. De sanglans débats avaient éclaté l'année précédente entre l'Angleterre et ses colonies de l'Amérique du Nord : celles-ci déclaraient leur indépendance en 1776; la France venait à leur aide en 1778, et le traité de Versailles consacrait en 1783 l'affranchissement des États-Unis. Tandis que ce concours d'événemens généraux et de perspectives hardies ramenait les esprits vers les affaires navales, Cherbourg n'était point oublié : le duc d'Harcourt (1), investi en 1775 du gouvernement de la Normandie, s'était aussitôt appliqué à fortifier la défense et à vivifier le commerce de la province par des améliorations de routes et de ports qui tendaient vers ce double but; il avait fait davantage en confiant au commandant de La Bretonnière l'étude des moyens d'approprier l'atterrage de Cherbourg au rôle que lui assignait sa position dans nos luttes avec l'Angleterre. Les questions ainsi posées trouvaient au ministère de la marine M. de Sartines jusqu'en 1780, et après lui le maréchal de Castries : rien ne manquait pour faire de grandes choses, ni les circonstances, ni les hommes.

Le vicomte de La Bretonnière, capitaine de vaisseau commandant de la marine à Cherbourg (2), avait fait preuve d'une haute intelli-

(1) François-Henri d'Harcourt, né en 1726, fils d'Anne-Pierre d'Harcourt, maréchal de France, remplit de 1764 à 1775, sous son père, alors gouverneur, les fonctions de lieutenant-général de la province de Normandie : il en fut nommé gouverneur en septembre 1775, et conserva cette charge jusqu'à la révolution. Il était l'aïeul du duc actuel, qui a fait partie de la chambre des députés et de la chambre des pairs, et a été ambassadeur de France à Madrid et à Rome, et bisaïeul du commandant d'Harcourt, capitaine de frégate.

(2) De La Couldre, vicomte de La Bretonnière (Louis-Bon-Jean), né à Marchésieux

gence dans plusieurs missions hydrographiques ; personne ne connaissait la Manche mieux que lui, et il avait fait, entre autres travaux, une étude approfondie de l'influence qu'avaient dû exercer sur les manœuvres et les conséquences de la bataille de La Hougue les courans de marée qui se précipitent et se renversent sur les flancs de la presqu'île du Cotentin. L'esprit tendu sur cette sanglante expérience et convaincu que des circonstances hydrographiques imparfaitement connues avaient dérangé les plans de Tourville, il s'était naturellement demandé ce qu'aurait fait ce glorieux vaincu si les projets de Vauban sur Cherbourg eussent été exécutés en 1692, et ses calculs sur l'espace abrité en avaient fait ressortir l'insuffisance, soit pour l'essor d'une expédition, soit pour la réparation d'une défaite. Ce fut alors qu'il conçut le dessein de porter à une lieue au large les digues qu'on voulait enraciner à l'Ile-Pelée et à la pointe du Houmet, et de mettre à couvert les manœuvres d'appareillage et de mouillage qui, dans le système de Vauban, se seraient faites à découvert. L'idée de jetées en pleine mer semble aujourd'hui la plus simple du monde ; en 1775, elle pouvait passer pour une témérité. M. Lefèvre, ingénieur en chef de la généralité de Caen, la déclara

(Manche) le 8 juillet 1741, entra au service comme garde-marine le 5 septembre 1755. Capitaine de vaisseau en 1780 et chef de division en 1786, il fut nommé au mois de mars 1784 commandant de la marine à Cherbourg, « le roi, porte la décision, étant informé que le sieur vicomte de La Bretonnière a le premier fixé l'opinion sur les travaux à faire à la rade de Cherbourg. » Destitué en 1793, il vint plus tard à Paris, et le directoire ayant ordonné son expulsion, le ministre de la marine réclama dans un rapport du 17 pluviôse an VI contre cette mesure. On projetait alors une descente en Angleterre. « Le général Bonaparte, dit le ministre, a eu occasion de connaître cet officier, de l'apprécier et de le goûter : il a jugé que, par la connaissance approfondie qu'il a des côtes de la Manche, il peut nous être plus utile que personne pour nos opérations. » M. de La Bretonnière, devenu pauvre et infirme, demanda une retraite au commencement de 1803. L'amiral Decrès, qui le connaissait, voulut tirer parti de ce qui lui restait de forces, et le fit rentrer au service comme capitaine de vaisseau de 1re classe. « A la paix de 1783, dit-il, il a dressé, de concert avec l'astronome Méchain, des cartes des côtes de la Manche, et les marins reconnaissent, par un usage exclusif de ces cartes, la précision de ce travail. C'est enfin lui qui le premier a ouvert les yeux du gouvernement sur les avantages de la position de Cherbourg. C'est d'après ses propositions qu'on ordonna sur cette rade des travaux immenses dont il dirigea constamment l'exécution, et lorsque le système des cônes, qui avait prévalu malgré ses vues, fut abandonné, ce fut encore lui qui conseilla de fonder la jetée en pierres perdues, et l'expérience a démontré la bonté de cette méthode. » Employé d'abord près du ministre, M. de La Bretonnière fut bientôt chargé du commandement de Boulogne ; mais une blessure à la jambe ne lui permettant pas l'activité corporelle qu'exigeait alors ce poste, il passa au commandement de Dunkerque, et prit sa retraite le 5 août 1804. Il est mort le 25 novembre 1809. La correspondance de M. de La Bretonnière, presque toute de sa main, donne une haute idée de la puissance de ses facultés et de sa capacité de travail. C'était un homme de la famille intellectuelle de Vauban, et les services qu'il a rendus à son pays sont infiniment au-dessus du rang qu'il occupait dans la marine.

praticable, et le duc d'Harcourt l'adopta avec enthousiasme. Il se rendit avec M. de La Bretonnière à Paris, et fit accepter ses vues par le roi et par son ministre. M. de Sartines désira que l'ensemble des nouvelles propositions fût exposé dans un mémoire qui lui fut présenté en 1777 (1). Un grand pas était franchi; mais il en restait encore beaucoup à faire.

Alors comme aujourd'hui, le ministère de la marine était chargé des travaux maritimes proprement dits, et celui de la guerre des fortifications nécessaires pour les protéger. Cette division d'attributions dans l'édification d'une œuvre d'ensemble créait une classe de questions mixtes, en tête desquelles se plaçait la détermination des bases mêmes de l'établissement. On ne pouvait guère se flatter d'un accord complet sur des projets que des autorités différentes considéraient sous des points de vue souvent opposés : la marine réclamait, sans beaucoup de préoccupation de la défense par terre, toute l'extension possible du mouillage à couvrir, et le génie, pour mieux défendre la rade, l'aurait quelquefois réduite à ne pas valoir la peine d'être défendue. Peut-être eût-il été sage de laisser à l'intérêt maritime une prédominance absolue, et de compter quand même sur l'intelligence des ingénieurs militaires pour l'assiette ultérieure de la défense. — Il n'en fut pas ainsi, et l'on vit d'abord se dessiner deux partis dont les plus habiles organes furent le commandant de la place et celui de la marine, Dumouriez et M. de La Bretonnière. Tous deux avaient affaire à forte partie.

L'adoption en principe du système de digue isolée couvrant la grande rade ne résolvait pas une question tellement sujette à controverse que le fait accompli de la construction ne l'a point épuisée, celle de l'emplacement de la digue; elle ne faisait que la poser, et un homme de la trempe de Dumouriez ne renonce pas au combat tant que l'arène reste ouverte. Il s'accrochait, pour renverser le projet de M. de La Bretonnière à chaque difficulté qui venait l'ébranler, et y opposait obstinément le second projet de Vauban, celui du port militaire qui s'est creusé de nos jours en arrière du rivage, et d'un chenal formé par deux jetées auxquelles le calme produit par la grande digue a permis de renoncer. L'utilité du port n'était pas

---

(1) Ce mémoire a été imprimé à Cherbourg en 1796 sous le titre de *Mémoire fait par ordre de M. de Sartines, ministre de la marine en 1777, d'après lequel le gouvernement a formé l'entreprise des travaux de Cherbourg en 1783 sous le ministère du maréchal de Castries*. Il est devenu fort difficile de se le procurer. Quoiqu'il soit sans nom d'auteur, on l'a toujours attribué à M. de La Bretonnière, et le doute le plus léger ne saurait se soutenir à cet égard en présence des notes et des correspondances de la main du savant marin qui sont dans les archives de la maison d'Harcourt. On referait le mémoire en coordonnant les notes.

très difficile à prouver, et Dumouriez soutenait que, tout ouverte qu'elle était aux vents du nord, la rade était excellente : ce point admis, un établissement complet pouvait être obtenu à peu de frais. Les marins ne partageaient pas sa confiance; ils trouvaient la grande rade intenable à cause de la violence des coups de mer auxquels elle était exposée, ce que n'ont que trop bien prouvé les désastres survenus pendant la construction de la digue. Quant à la petite, elle paraissait inaccessible aux vaisseaux faute de profondeur. Ils ne repoussaient pas le projet de port; mais ils regardaient la rade comme infiniment plus nécessaire. Ce que réclamait avant tout la navigation, c'était un refuge ouvert à toute marée contre les gros temps, si fréquens dans la Manche, et contre des ennemis aussi favorisés par la nature de leurs atterrages que les Anglais. La rade ferait dans la plupart des cas l'office du port, le port ne ferait jamais celui de la rade; la rade enfin serait la meilleure de toutes les défenses pour la ville et pour le port, et les travaux de l'une et de l'autre s'accompliraient en sécurité sous sa protection. L'impression des traités d'Utrecht et d'Aix-la-Chapelle est effacée aujourd'hui; elle était alors encore brûlante :

« J'ajouterai, disait M. de La Bretonnière, que, dans une entreprise de cette nature, la politique oblige d'avoir égard à telles ou telles possibilités qu'il n'est pas besoin d'indiquer davantage, et de prévoir même les choses qu'on ne peut supposer dans les circonstances actuelles. Les traités qui suivent les guerres ont quelquefois occasionné des démolitions dispendieuses et forcées. Je ne rappelle pas ceci pour déterminer, mais pour appuyer seulement le principe constant dont il faut partir, celui de se procurer avant tout une rade sûre et à l'abri de tous les traités et de tous les événemens. On peut être forcé de combler ou de démolir un port, un bassin, une fortification, mais on ne peut pas ôter du fond des eaux une jetée pratiquée pour fermer une rade aux vents ou à l'ennemi. Tous les ouvrages au-dessus de l'eau sont soumis à des révolutions imprévues, à des événemens, à des traités, à des conditions inattendues, et il n'en est pas de même des ouvrages sous l'eau : ils sont à l'abri des traités, le temps les consolide, et nul événement ne peut les enlever lorsqu'ils sont établis. J'ajouterai que le temps de guerre est le seul propre à mettre en exécution le projet proposé. En temps de paix, il inquiéterait nos ennemis naturels, et donnerait lieu à des plaintes et à des réclamations qui en empêcheraient ou en suspendraient l'exécution. Il est même indispensable de porter à cet ouvrage de grands moyens dès le moment de la première entreprise, attendu que s'il n'était que projeté ou commencé à la fin de la guerre, il ne pourrait manquer de devenir une des clauses principales du traité de paix. »

M. de La Bretonnière connaissait l'Angleterre de son temps, et se souvenait de Dunkerque. Ces raisons ne pouvaient manquer de prévaloir, et Dumouriez avoue dans ses *Mémoires* qu'il finit par être seul de son avis. Il ne se rendit pas pour cela à celui des autres, et une sorte d'impénitence finale lui faisait encore répéter sur ses vieux jours qu'avec la digue on avait gâté son Cherbourg.

Le maréchal de Castries succéda en 1780 à M. de Sartines. Avec plus de vigueur d'esprit et plus d'autorité dans le conseil, il décida ce que son prédécesseur n'avait fait que souhaiter. Clos sur les systèmes, le débat ne resta ouvert que sur l'emplacement de la digue; mais il ne perdit rien de sa vivacité en se restreignant. La marine voulait porter la digue au large, le génie la rapprocher de la terre. A la fin d'une de ces longues séances où les intérêts de la défense et ceux de la navigation étaient demeurés inconciliables, le duc d'Harcourt se fit l'organe de la majorité. Prenant un compas et un crayon, il marqua sur une carte marine étalée sur le bureau un point à 1,200 toises au nord de la pointe du Houmet, et traça sur ce parallèle la direction à donner à la digue : elle aurait été à un peu plus de 600 mètres au-delà de la place qu'elle occupe aujourd'hui. Cet acte d'oppression de la majorité blessa profondément les partisans du système restreint, et ce fut sans doute par forme de protestation que M. Decaux, le commandant du génie, opposa aux témérités du gouverneur de la province le projet d'un brise-lame aligné sur le fort du Houmet et le fort de l'Ile-Pelée. Facile à construire, cette digue aurait été facile à défendre; mais elle n'aurait mis à couvert que le mouillage de deux ou trois vaisseaux de ligne, elle aurait laissé le véritable mouillage en dehors, ou plutôt elle y aurait fait l'office d'un écueil, et, de simplement mauvais qu'il était, elle l'aurait rendu tout à fait impraticable. Ces inconvéniens se manifestent clairement à la simple inspection de la carte marine, et, chose plus étrange que la proposition elle-même, cette idée a trouvé des défenseurs dans des rangs où le duc d'Harcourt n'avait froissé l'amour-propre de personne.

L'une ni l'autre des deux propositions n'a prévalu, et ceux mêmes qui les avaient émises ont fini par donner leur assentiment à un tracé intermédiaire. L'adoption du plan du duc d'Harcourt aurait doublé l'étendue du mouillage des vaisseaux, et il en serait résulté de si grands avantages pour la navigation, les meilleurs esprits déplorent si souvent l'insuffisance de la rade, qu'il est utile d'examiner si un projet conçu évidemment pour les satisfaire a été sacrifié à de mauvaises raisons.

Si, au lieu d'être établie sur l'alignement de la pointe de Querqueville à l'Ile-Pelée, et d'être protégée par ces deux terres, la digue de Cherbourg était portée à 650 mètres au large avec ses 3,600 mètres de longueur, l'espace sur lequel elle produit le calme ne serait par les vents du nord que déplacé; mais dans les fréquentes prédominances des vents d'est, et surtout d'ouest, il serait sensiblement rétréci. Pour doubler le mouillage et ne pas laisser à la grosse mer plus d'entrée dans la rade qu'il ne convient, il faudrait que les passes n'eussent pas plus de 1,000 mètres d'ouverture et la digue pas moins de 5,847 mètres de longueur : c'est celle que proposait M. de La Bretonnière. La digue est fondée à 13 mètres de profondeur moyenne (1) : elle le serait à 17, et le volume des matériaux ensevelis se serait accru, toutes circonstances égales d'ailleurs, dans le rapport de 6 à 17; mais les talus, assaillis par des courans de marée et des coups de mer beaucoup plus violens, auraient dû, pour se soutenir, s'allonger plus qu'ils n'ont fait, et il aurait fallu faire au-delà de l'équivalent de trois digues de Cherbourg. Il y a plus : avec les ressources dont disposait alors l'art de l'ingénieur, il aurait été impossible de conduire l'entreprise à son terme. Le nombre des heures où des bâtimens à voile ont pu verser leurs chargemens sur la ligne de Querqueville à l'Ile-Pelée se serait singulièrement réduit, s'il avait fallu exécuter une manœuvre aussi délicate au travers des courans de marée les plus dangereux. Les moindres vents auraient retenu les navires dans le port, et les dépenses se seraient élevées par ce seul fait dans des proportions effrayantes; les avaries et les naufrages auraient été désespérans. A en juger par ce qu'a coûté de temps et d'efforts la digue dont nous sommes en possession, on peut affirmer que celle du duc d'Harcourt aurait été absolument inexécutable avec les moyens connus sous les règnes de Louis XVI et de Napoléon, et que, le secours de la vapeur survenant, on ne serait pas aujourd'hui au tiers de l'accomplissement de l'entreprise. Tels ont dû être les calculs auxquels se sont rendus le duc d'Harcourt, M. de La Bretonnière et le maréchal de Castries lui-même, qui n'était point un défenseur nonchalant des intérêts de la navigation. Ils savaient aussi bien qu'aucun d'entre nous les avantages attachés à l'extension du mouillage, et ils n'étaient point hommes à y renoncer sur de faibles raisons.

J'ai demandé un jour (4 avril 1849) à M. Beautems-Beaupré son avis sur l'emplacement de la digue. Il a commencé par s'accuser

---

(1) Toutes les profondeurs d'eau mentionnées dans cette étude sont comptées à partir des plus basses mers d'équinoxe. Ce niveau étant le zéro du maréographe, les basses mers ordinaires de vive-eau le couvrent à Cherbourg d'une couche d'eau de. 0^{m}70
Les basses mers de morte-eau ou des quadratures, de.................. 2 45
Les hautes mers de morte-eau, de.. 4 80
Les hautes mers ordinaires de vive-eau ou des syzygies, de............. 6 30
Les plus hautes mers d'équinoxe, de..................................... 7 15

C'est entre ces limites, et abstraction faite des perturbations que peuvent causer les vents, que s'élèvent et s'abaissent les marées.

de l'avoir beaucoup critiqué avant de l'avoir vu; mais l'examen attentif des circonstances locales auquel il avait dû se livrer en faisant en 1832 l'hydrographie de la côte l'avait convaincu que la digue était à peu de chose près sur la seule ligne où elle pût être assise. Portée à une encâblure plus au large, elle aurait été entraînée pierre à pierre par la violence des courans; les remous de ces mêmes courans auraient probablement déposé ses dépouilles tant dans les passes que dans l'intérieur de la rade, et au lieu d'élever une digue, on aurait risqué de combler un mouillage. Il ne blâmait point le génie d'avoir exigé que le revers septentrional de la digue fût battu par le canon de l'Ile-Pelée : c'était une des nécessités de la défense; la faute était à ses yeux de n'avoir pas fait le sacrifice des constructions de peu de valeur dues à Dumouriez et au général Decaux, et de n'avoir pas reporté le fort à 400 mètres au nord de l'île. En alignant la digue en conséquence, on aurait fait gagner une quarantaine d'hectares, c'est-à-dire un douzième de son étendue, au mouillage des vaisseaux. M. Beautems-Beaupré ne voyait pas autre chose à regretter. Quatre ans plus tard, j'ai trouvé les lignes suivantes dans le résumé, écrit de la main de Dumouriez, d'une conférence tenue le 4 septembre 1783 entre MM. de La Bretonnière, de Bavre (1), de Cessart et lui sur le placement du premier cône : « Il a été aussi question de la dimension de la rade et du gisement des deux branches du môle. M. de Bavre, qui connaît parfaitement la rade, a prononcé qu'on ne peut pas se mettre en avant de l'Ile-Pelée et de la pointe de Querqueville, qu'en l'élevant en dehors de cette parallèle, on trouverait des courans très violens... » Il paraît que M. de La Bretonnière s'était rangé à l'avis de M. de Bavre, car la note se termine ainsi : « Comme ces messieurs ont un plus grand intérêt que personne de nous, en leur qualité de marins, à ne pas rétrécir les dimensions de la rade, comme ils regardent ce qu'on voudrait se donner de surplus comme gigantesque et impossible, il semble que leur avis doit prévaloir. »

Ces détails autorisent à croire que l'emplacement de la digue n'a point été déterminé avec autant de légèreté que se sont plu à le répéter tant d'hommes éminens. Comme il arrive toujours, les critiques les plus véhémentes ont été celles de personnes qui, étrangères par leurs études aux difficultés avec lesquelles l'exécution était aux prises, se sont trouvées à l'aise pour les négliger. La simple récapitulation de toutes les études faites sur l'établissement de Cherbourg avant et pendant les travaux suffirait à lasser la pa-

---

(1) M. de Bavre, lieutenant de vaisseau de beaucoup d'instruction, avait été chargé d'un sondage de la rade et de l'hydrographie des parages attenans.

tience du lecteur, et jamais reproche ne fut moins fondé que celui qu'on a fait à nos aînés d'avoir abordé cette entreprise sans y être suffisamment préparés.

La direction définitivement adoptée par la marine pour la digue fut celle de la pointe de Querqueville à l'Ile-Pelée, et la seule concession que réclamèrent et qu'obtinrent alors les officiers de l'armée de terre fut une inflexion de 11 degrés vers le sud, qui mit sur une longueur de 1,174 mètres le revers extérieur de la partie orientale de la digue sous la protection du canon du fort de l'Ile-Pelée. C'était, comme le remarquait judicieusement M. Beautems-Beaupré, sacrifier une grande chose à une petite, si petite, que le fort auquel se faisait ce sacrifice n'avait coûté, c'est Dumouriez qui nous l'apprend, que 17,000 francs. Les choses furent ainsi réglées en 1781, et l'on se proposait de former la digue de deux tronçons égaux séparés au milieu par une passe de 3 à 400 toises; cette disposition paraissait la plus convenable pour la sortie d'une flotte dont l'avant et l'arrière-garde prendraient la passe du milieu, et les ailes les passes latérales; mais une commission de douze officiers-généraux ou ingénieurs, présidée par le bailli de Suffren, fut d'avis qu'elle aurait moins d'avantage pour la manœuvre des vaisseaux que d'inconvénient pour le mouillage, et l'on y renonça en 1787. Ce perfectionnement, sur lequel la digue reçut le tracé qu'elle a conservé, fut un des derniers actes de l'administration du maréchal de Castries.

Cependant il fallait régler le mode d'exécution des travaux, et trois systèmes se trouvaient en présence : M. de La Bretonnière et M. Lefèvre, ingénieur en chef de la généralité de Caen, souvent consulté et trop rarement cru, voulaient qu'on coulât, pour former le noyau de la digue, des carcasses de vieux navires remplies de maçonneries brutes, et que sur cette ligne d'appui on jetât des pierres perdues. Suivant M. Decaux, le directeur du génie, il fallait commencer par fonder au milieu de l'entrée de la rade une île factice en caisses maçonnées descendues dans la mer, y construire un fort, et profiter, pour l'allongement des branches, de l'expérience acquise dans ce premier travail. La majorité des suffrages fut enlevée cependant par les fameux cônes de M. de Cessart, qui s'était déjà fait connaître par la construction du beau pont de Tours, d'une solidité à toute épreuve, disait-on, car il avait supporté sans se rompre le plus grand fardeau de la France, le passage de Mme du Barry. Les plus enthousiastes de cette conception furent le maréchal de Castries et le bon Louis XVI lui-même, qui, lorsque les journées des 5 et 6 octobre vinrent l'arracher du château de Versailles, avait encore son cabinet tapissé des dessins et garni des modèles qui l'avaient séduit.

Les cônes tronqués de M. de Cessart, que Dumouriez louait outre mesure dans sa correspondance lorsqu'ils étaient en opposition avec les vues de M. de La Bretonnière, et dont il s'est plus tard fort agréablement moqué dans ses mémoires, ces cônes étaient construits en charpente et destinés à être remplis de pierres, puis échoués sur l'alignement de la digue : on leur donnait 45^m 50 de diamètre à la base, 19^m 50 au sommet, et 19^m 50 de hauteur. Une rangée de 90 cônes devait rompre les coups de mer et assurer la tranquillité de la rade. Le premier, construit au Havre, fut mis en place le 1er juin 1784, le second le 18 octobre, et l'on s'aperçut aux gros temps d'hiver que le chargement, au lieu de s'y tasser, y était secoué comme le grain dans un van : on ne s'arrêta pas à ce mécompte, et l'opération fut poursuivie avec un succès momentané ; mais le 18 octobre 1785 tous les cônes furent violemment ébranlés par une tempête, et on se hâta, pour les consolider, de les chausser avec des pierres perdues : ces pierres résistèrent sans qu'on tirât les conséquences naturelles de ce fait. Le roi, qui attachait un patriotique intérêt au succès, vint le 22 juin 1786 raffermir lui-même la confiance indécise et fit poser un cône sous ses yeux ; mais dans l'hiver qui suivit, tous les cônes furent renversés. Le maréchal de Castries accourut et prodigua les consolations et les encouragemens à M. de Cessart désespéré : il eut seul de la constance lorsque tout le monde était abattu. A Paris et à Versailles, on passait du découragement à la critique, de la critique à l'invective, et dans le conseil même on parlait d'abandonner l'entreprise. Ce fut alors que le maréchal, en demandant au roi un nouveau crédit de 300,000 francs, s'engagea devant le conseil à prendre cette somme à sa charge, si l'emploi n'en amenait aucun bon résultat. Nous avons tous connu des ministres qui n'en auraient pas fait autant en pareil cas. De nouveaux cônes furent posés ; mais à mesure qu'on avançait, la mer, en ébranlant les cônes et en étalant les pierres qui s'en échappaient, montrait que ce n'était point l'entreprise, mais le système d'exécution qu'il fallait abandonner : c'est ce qu'on fit en 1788, et l'on revint au système le plus simple, celui des pierres perdues, dont on verra plus loin les résultats.

Telle est l'histoire des cônes de Cherbourg, dont toute l'Europe fut occupée. Le seul service réel qu'ils aient rendu a été d'offrir aux premiers enrochemens un point d'appui que les coques de vieux navires coulés de M. de La Bretonnière auraient donné à moins de frais. M. de Cessart se flattait de terminer au moyen des cônes la clôture de la rade en sept ans et avec une dépense totale de 17,400,000 livres. Il ne fallait rien de moins qu'une pareille illusion pour aveugler des hommes expérimentés sur les vices du procédé. On a peine à concevoir toutefois que, dès les premiers momens, ils n'aient pas calculé combien de temps pouvaient durer ces énormes charpentes immergées dans la mer. Tout le monde l'apprit en 1799 : le premier cône, qui formait le musoir oriental, et qui, plus soigné que les autres, avait été consolidé par un couronnement en béton, s'affaissa plutôt rongé par la tarière silencieuse des vers de mer que sapé par les assauts des lames ; tous les autres étaient depuis longtemps tombés par lambeaux.

La révolution frappait ses premiers coups, et le 20 juillet 1789 des troubles sur le caractère odieux desquels le temps a jeté son voile éclatèrent à Cherbourg. Le duc d'Harcourt s'échappa en proscrit de ces murs, dont chaque pierre rappelait ses services. Dumouriez fut accusé d'avoir fomenté ce soulèvement afin d'écarter le duc, dont la supériorité de position gênait son ambition personnelle : il est au moins certain qu'il ne fit rien pour le réprimer, et cette inaction, rapprochée de sa correspondance, fait peser sur sa mémoire le reproche d'une noire ingratitude. Devenu malheureux à son tour, Dumouriez s'est honoré par l'hommage public qu'il a rendu à son ancien chef : il le met, dans ses mémoires, le premier parmi les personnes auxquelles la France est redevable de l'établissement de Cherbourg. « Très aimé, dit-il, de l'infortuné Louis XVI, il a consacré à la réussite de ce projet son grand crédit, ses soins, sa plume et sa santé. » Cette justice rendue le met, il est vrai, à l'aise pour parler de lui-même : malgré l'obstination de ses efforts pour entraver les projets adoptés, il se donne pour la cheville ouvrière de l'entreprise, et déclare, sans le moindre souvenir d'Idoménée, de ses conseillers directs et de ses finances, que, de 1778 à 1789, Dumouriez a fait de Cherbourg une nouvelle Salente. Ces faiblesses d'un homme chez qui le caractère n'était pas au niveau du talent n'empêchent pas ce qu'il a dit de la guerre dans le Cotentin d'être au plus haut degré digne des méditations des militaires, et l'éclat des victoires de Jemmapes et de Valmy ne peut pas faire oublier ici que les moyens de défense locale qu'il avait organisés de son chef ont suffi, pendant la conflagration générale de l'Europe, pour prévenir les entreprises ennemies contre Cherbourg.

Les événemens se précipitaient : l'assemblée législative donna cependant à l'établissement de Cherbourg une marque d'attention que devait suivre un oubli forcé de dix années. Un décret du 1er août 1792 chargea une commission, dans laquelle figurait M. Cachin, l'ingénieur qui s'est illustré plus tard dans ces mêmes travaux, de rendre un compte détaillé de l'état de l'entreprise et des moyens de la terminer. Les faits exposés et les conclusions prises dans le rapport, souvent invoqué, de cette commission sont noyés dans les ouvrages accumulés depuis 1803.

Après le rétablissement de l'ordre, le premier consul résolut la reprise des travaux de Cherbourg. Son point de départ fut le rapport de la commission de 1792; mais il ne pensa pas avec elle que les forts de l'Ile-Pelée, du Houmet et de Querqueville suffissent à la défense de l'atterrage. Il chargea l'amiral de Rofily, le général Marescot, du génie, et M. Cachin, des ponts et chaussées, d'étudier un système plus complet, et le 15 octobre 1802 il ordonna, sur leur proposition, d'exhausser le centre de la digue de 3 mètres au-dessus du niveau des plus hautes marées, d'y former un plateau capable de recevoir un fort armé de vingt pièces de gros calibre, et de disposer les musoirs pour porter des batteries. M. Cachin fut chargé de la direction des travaux. Outils, moyens de transport, ouvriers, tout manquait; mais tout fut prêt au début de la campagne de 1803, tant l'hiver fut bien employé.

Le temps des descentes sur les côtes du Cotentin était passé, et les Anglais se contentèrent de protester de temps à autre par leurs boulets contre la reprise de travaux qui leur déplaisaient; encore les quelques pierres qu'ils nous cassèrent ainsi leur coûtèrent-elles plus qu'elles ne valaient, ne fût-ce que le 15 avril 1803, alors que leur frégate la *Minerve,* se livrant à cet exercice, toucha sur le talus de la digue, et fut prise comme une baleine échouée. Les personnes superstitieuses du pays augurèrent de cet accident que le déplaisir de nos voisins n'empêcherait pas la digue de se terminer; mais aucune n'entrevoyait à cette époque qu'ils pousseraient un jour la courtoisie jusqu'à venir fêter avec nous l'inauguration de l'arrière-port.

L'expérience faite de 1783 à 1789 avait prononcé sur les systèmes de construction de la digue, et M. Cachin adopta sans hésitation celui des pierres perdues, qu'avait recommandé dès le principe M. de La Bretonnière. Les modifications que le travail sous-marin des courans et des lames avait opérées dans les talus déterminés par les premiers constructeurs ne restèrent point inaperçues pour lui; il fit une étude attentive des remaniemens qu'exerçait la mer sur les matériaux qu'on lui confiait et s'appliqua à les disposer dans l'ordre le plus rapproché possible des profils et des surfaces d'équilibre qu'elle leur donnait. Jeter à la mer, sur un alignement tracé par des bouées, des moellons bruts, c'est au premier coup d'œil, il semble, une entreprise à la portée de tout le monde : on se détrompe à l'aspect d'un atelier tel que celui qui pendant quarante ans a rempli le port, l'arsenal et la rade de Cherbourg. Une armée de carriers démolissait les flancs de grès de la montagne du Roule, ou excavait dans la roche tertiaire du quartier de Chantereine l'avant-port et les bassins où flottent aujourd'hui des vaisseaux de cent canons. Un ordre fécond régnait au sein de cette active agitation. Les matériaux que le pic et la mine arrachaient de ces bancs de pierre se chargeaient sans qu'il y eût jamais ni vide ni encombrement sur soixante navires allant et venant sans cesse de la terre à la digue ou de la digue à la terre. Toutes les parties de ce service, compliqué par les variations des marées, s'articulaient de telle manière que le temps de chacun fût employé sans intervalles et sans confusion : la flottille arrivait par divisions aux heures de basse mer sur les parties inférieures des talus de la digue, aux heures de haute mer sur les parties supérieures. La mer se chargeait d'étaler le chargement des premières; les autres, venant fortifier l'étage exposé aux plus rudes assauts des tempêtes, portaient de gros blocs ou des matériaux de construction : les bâtimens s'amarraient à pic des points qui devaient recevoir leur chargement; tantôt leurs flancs s'ouvraient pour le livrer à l'action de la pesanteur, et la tranche d'eau au travers de laquelle il coulait en amortissait la chute; tantôt le navire s'échouait à la mer descendante, et, desservi par d'ingénieuses machines, il faisait office de magasin pour les travaux, ou soulevait à la mer montante les poids attachés à sa carène. A mesure que le jusant mettait la digue à découvert, les ouvriers établis sur la crête descendaient sur les talus et le suivaient dans sa retraite; ils remontaient avec le flot. Le soleil ne réglait pas pour eux les heures de travail ou de repos; leurs heures étaient celles des marées, et hors des jours et des saisons où la basse mer était éclairée par le crépuscule ou par le soleil, la moitié du travail se faisait aux flambeaux. Cependant la mer et les vents ont des fureurs qui déjouent les calculs des hommes; on l'éprouva plus d'une fois dans le cours d'une entreprise faite pour les maîtriser : cette digue, sur laquelle s'amortissent aujourd'hui les plus violens efforts des tempêtes, qui marque la limite entre le tumulte et le calme des flots, était comme une proie offerte à leur rage tant qu'elle ne les aurait pas dominés; chaque tempête amenait des avaries désespérantes, et ce qu'il faut peut-être le plus admirer dans l'accomplissement de cette grande tâche, c'est la constance que n'a lassée aucun mécompte, aucun désastre, et qui, quand elle voyait crouler le travail qui lui avait coûté le plus de soins, le relevait sur ses ruines, et puisait dans chaque malheur un surcroît de courage et de ressources d'esprit. Cette force de volonté, ce calme impérieux dans le danger, furent surtout la vertu de M. Cachin, et ceux qui ont reproché à sa mémoire quelques aspérités de caractère ont oublié qu'on est rarement exempt des défauts de ses qualités, et qu'une opiniâtreté moindre que la sienne se fût probablement épuisée dans cette haute lutte contre les élémens.

Les difficultés du travail s'accroissaient avec l'exhaussement de la digue, et l'on n'a point oublié que le premier objet des résolutions prises en 1802 était l'établissement, au centre de la digue, d'une plate-forme destinée à recevoir un fort; la longueur de cet ouvrage devait être de 195 mètres, et ce court espace devait être le théâtre de bien lamentables enseignemens. Les travaux avaient été conduits en 1803 avec une prodigieuse activité, et dès le 16 août, la population de Cherbourg étonnée vit poindre au large, sur un humble îlot, une batterie de quatre pièces de 36 et de deux mortiers à grande portée. On se hâta d'étendre les ailes de la batterie, et l'on se flattait qu'une construction provisoire en pierre sèche durerait au moins assez pour donner le temps d'en asseoir une plus solide; mais le 18 décembre s'élevait une tempête dont la violence croissante démolit en six jours tous les épaulemens de cet embryon de fort, et le laissa, par une sorte de miracle, isolé, mais debout au milieu des vagues. Chaque accident était une leçon; on conclut de celui-ci qu'il fallait renoncer aux constructions en pierre sèche, et asseoir le fort sur un terre-plein en maçonnerie; le profil de l'emplacement fut élargi, tant pour fortifier la digue que pour donner au casernement, aux approvisionnemens et aux manœuvres un espace indispensable. Les magasins furent fournis de vivres et de munitions, et le fort, armé de toutes pièces, reçut une garnison capable de le défendre contre un débarquement. On croyait avoir rempli toutes les conditions d'un établissement définitif, lorsque éclata le 12 février 1808, avec une fureur dont les plus vieux marins ne se rappelaient pas d'exemple, une tempête du nord-ouest. La mer, grossie par le concours de toutes les circonstances de lunaison, de vent et de pression atmosphérique qui peuvent l'affecter, passa sur la plate-forme, qu'on croyait au-dessus de ses atteintes; casernes, magasins, artillerie, tout fut balayé; le terre-plein en maçonnerie fut lui-même renversé, et cet amas de débris forme sous le revers méridional de la digue un dépôt qui découvre à mi-marée. Toute une compagnie d'artillerie, une section d'infanterie et les ouvriers présens furent jetés à la mer et noyés; il n'échappa à ce désastre que deux ou trois soldats renfermés dans la prison, qui, plus solidement construite, résista. Les citernes et les latrines établies dans un massif de béton se maintinrent aussi, et cette circonstance n'est peut-être pas étrangère à la conception à laquelle a été due plus tard la parfaite consolidation de la digue. Le 27 septembre suivant, un autre ouragan d'équinoxe vint renverser les travaux déjà faits pour réparer les désastres du mois de février, et rejeta sur le revers intérieur de la digue les blocs de rocher avec lesquels on avait cru en consolider le talus extérieur. Le 2 novembre 1810, une horrible tempête du nord-est emporta 60 mètres courans de l'épaulement de la batterie, et creusa dans le terre-plein des sillons de près d'un mètre et demi de profondeur. Enfin, dans la nuit du 11 au 12 du même mois, une autre tempête acheva de détruire ce qu'avaient épargné la précédente et celle de 1808.

Les ingénieurs qui soutenaient cette lutte acharnée étaient, M. Cachin à leur tête, les seuls qui ne fussent pas découragés. A chacune de leurs défaites, ils imaginaient des moyens de consolidation dont la mer démontrait l'insuffisance. Le renversement opéré en 1810 leur fut une sévère leçon; ils surent en profiter et faire sortir de l'excès du mal un remède héroïque, qui n'avait d'autre défaut que d'exiger l'immobilisation d'un capital considérable. Ce fut dans ces circonstances que Napoléon vint au secours de l'établissement de Cherbourg, comme avait fait Louis XVI vingt-cinq ans auparavant. En 1811 comme en 1786, il fallait imposer silence aux mauvais prophètes qui prédisaient la défaillance des destinées de l'établissement de Cherbourg et ranimer la confiance ébranlée. Napoléon avait quelque chose de plus à faire, c'était de lever par sa toute-puissance les obstacles qui s'opposaient à la marche de l'entreprise.

Peut-être me pardonnera-t-on de faire ici une digression pour dire comment se passaient ces visites du souverain dans les provinces. Les journaux enregistraient les circonstances publiques de ces voyages; mais le travail intérieur n'en a, que je sache, été nulle part exposé. Deux fois en une année, au printemps en Normandie, en automne en Hollande, il m'a été donné de prendre une part obscure à ce travail, et ce bonheur de ma jeunesse me place aujourd'hui dans le nombre imperceptible des hommes vivans qui ont vu de près le jeu des ressorts d'un gouvernement si fortement établi, que l'exagération de son principe était la seule chose qui pût amener sa chute. Dès qu'un voyage à l'intérieur était résolu, les ministres qui devaient accompagner l'empereur préparaient les projets spéciaux sur lesquels il aimait à prononcer sous l'inspiration des lieux. Les questions relatives à la défense du territoire, à la navigation, à l'agriculture, au commerce, aux communications, aux établissemens publics des départemens qu'il allait visiter, étaient étudiées, et des mémoires spéciaux lui étaient remis sur les objets du voyage. Des branches de l'administration, depuis divisées, appartenaient alors au ministère de l'intérieur, et le chef de ce département était de tous les voyages. La présence des autres ministres dépendait de la nature des affaires qui devaient se traiter : celui de la marine par exemple venait à Cherbourg, armé de tous les documens qui se rapportaient à l'établissement maritime. Le service du transport comprenait trois convois de voitures. Le premier partait vingt-quatre heures d'avance, et portait à la première station que devait faire le souverain les personnes et les choses nécessaires à son installation. L'empereur se mettait en route par le second. Le troisième, en tout semblable au premier, suivait à douze heures de distance, franchissait la première station et s'arrêtait à la seconde. Jusqu'à la fin du voyage, le premier et le troisième convois se devançaient alternativement : rien ne manquait en avant, rien ne restait en arrière. Des chevaux de main de ses écuries attendaient l'empereur partout où il devait s'arrêter, et il en faisait bon usage : ports, canaux, fortifications, établissemens publics faits et surtout à faire, il voulait tout voir, tout examiner lui-même. Le peuple des villes qu'il a visitées s'est longtemps entretenu dans ses veillées des courses rapides dans lesquelles, détestable cavalier lui-même, il imposait par sa hardiesse aux plus intrépides écuyers. Il partait donc muni des documens les plus sûrs, entouré des hommes les mieux pénétrés de ses vues, mais cherchant partout ceux qui faisaient profession d'être aux prises avec les difficultés qu'il voulait résoudre.

Dans chaque département, le collége électoral, nommé par des assemblées primaires, qui faisaient ce qu'elles étaient bonnes à faire, lui était présenté. Quelquefois il commençait par recevoir une députation composée des membres les plus éminens du collége; plus souvent le collége entier passait sans autre préambule devant lui. Tous les électeurs lui étaient nommés à leur tour. Quelques-uns d'entre eux s'étaient-ils distingués par leurs talens ou leurs services, il les arrêtait en entendant leurs noms, et, proportionnant à la place que les choses ou les personnes occupaient dans le pays le temps qu'il leur accordait, il interrogeait chacun sur ce qu'il savait le mieux. Pendant son séjour dans un chef-lieu, les préfets, les commandans des troupes, les ingénieurs civils et militaires, les chefs des services financiers étaient tenus dans une alerte continuelle : chacun devait s'attendre à tout instant à recevoir la demande d'un renseignement, à être appelé dans ces conseils d'administration où il se plaisait à contrôler par les connaissances spéciales des hommes de métier les propositions de ses ministres et ses vues personnelles. Le conseil général du département, la chambre de commerce, le conseil municipal de la ville, réunis en session, exposaient les vœux et les besoins du pays, répondaient sans retard aux questions qui leur étaient adressées, et votaient les moyens d'exécution des mesures arrêtées. S'il s'agissait d'entreprises utiles suspendues par l'insuffisance des ressources locales, il les mettait à flot le plus souvent par d'ingénieuses combinaisons, quelquefois par des générosités calculées. Convaincu que les hommes n'attachent de prix qu'à ce qui leur coûte, il ne faisait jamais de dons que sous condition de concours. Pour prendre dans ce voyage même des exemples de sa manière d'agir, en faisant contribuer la ville et le département, il accordait une subvention de 700,000 fr. sur le domaine extraordinaire pour l'établissement du canal de Caen à la mer, et en faisant don à la ville de Cherbourg des *mielles* que l'état possédait à ses portes, il l'obligeait à les mettre en valeur et à les vendre en détail pour compléter avec le produit ses établissemens municipaux.

Il n'était pas toujours facile de tenir pied à une telle activité d'esprit, et pour vivre dans la sphère où elle s'exerçait, la première condition était une santé de fer. Je me souviens de quatre nuits de suite passées au travail dans le voyage de Normandie, de sept dans le voyage de Hollande. Les jeunes gens d'aujourd'hui n'ont pas de ces bonnes fortunes. On supportait avec bonheur ces privations et ces fatigues; on en était largement dédommagé par le spectacle des mouvemens de cette puissante intelligence. Les fêtes, la représentation importunaient Napoléon : il estimait trop le temps pour leur en donner au-delà de ce qu'il était impossible de leur ôter. Créer, organiser, améliorer, tels étaient ses soucis, ou plutôt, s'il est vrai que le bonheur consiste dans l'exercice de nos facultés, tels étaient ses plaisirs. Si, refroidi par l'âge, je me fais une idée exacte de ce qui éblouissait ma jeunesse, le trait le plus saillant de sa nature était un insatiable besoin d'action. Sieyès le disait à la sortie de la première séance du consulat provisoire : il savait, il pouvait, il voulait tout faire. L'ambition qui l'a perdu a surtout été une ardeur irrésistible à s'emparer de la besogne d'autrui. Heureuse la France si ses limites naturelles avaient toujours suffi à l'exercice de cette passion, et si celui qui en était dévoré ne lui avait jamais fait au-delà du Rhin, des Alpes et des Pyrénées des sacrifices aussi insensés que coupables!

Rien ne vaut du reste, pour donner une idée de cette manière de voyager de Napoléon, le simple résumé de l'emploi qu'il fit de son temps à Cherbourg. Arrivé le 26 mai, à trois heures après midi, il descendit aussitôt de voiture pour monter en canot, et visiter la digue, les travaux du fort central et les forts de la rade. Le 27, il montait à cheval à cinq heures du matin, parcourait les fortifications, les chantiers, le port marchand, montait au Roule avec les officiers du génie, s'y faisait expliquer ce que c'est que les mielles, recevait à midi les autorités de la ville, et l'après-midi il conduisait l'impératrice sur les vaisseaux et les frégates mouillés en rade. Le 28, la matinée se passait à tenir des conseils d'administration où se reproduisaient les questions agitées dans les courses de la veille; l'après-midi, il visitait en détail les établissemens de la marine, examinait minutieusement les plans en relief du port projeté, descendait au fond de l'avant-port en creusement, et recevait le soir les autorités départementales. Le 29, il passait la journée au travail, décidait l'emploi de 73 millions en travaux au port militaire ou aux fortifications, et ne s'interrompait que pour recevoir le collége électoral. Le 30, en rade à cinq heures du matin, il faisait manœuvrer l'escadre, déjeunait sur la digue, et prenait à midi la route de Saint-Lô.

Napoléon trouva dans les travaux de Cherbourg un aliment digne de son activité. Quoique les changemens apportés dans le matériel naval et les conséquences obligées d'agrandissemens devenus nécessaires aient entraîné d'assez nombreuses modifications dans les projets qu'il adopta, l'ensemble exécuté diffère peu de celui qu'il a tracé, et, en décidant en quelques jours les questions capitales sur lesquelles se seraient élevés sans lui d'interminables débats, il a exercé sur l'avenir de l'entreprise une influence qui n'a jamais cessé de se faire sentir.

Le premier objet sur lequel eut à statuer Napoléon fut la consolidation ou plutôt l'assiette des bases du fort central. Il voulut avoir raison du défi que semblaient lui porter les élémens, et décréta le 7 juillet 1811 que l'emplacement du fort serait excavé au niveau des basses mers de vive-eau, et qu'un massif de maçonnerie en grands blocs de granit serait élevé de cette profondeur à une hauteur de $9^m 10$. On a remarqué dans le cours des travaux de la digue de Cherbourg que ce n'est qu'au-dessus du niveau des hautes mers de morte-eau que se produisent les grandes avaries. La raison en est simple : au-dessous, la digue se défend par son épaisseur et par le peu d'inclinaison des talus, et les grandes tempêtes coïncident ordinairement avec les syzygies. Cette expérience a permis de réduire sensiblement, sans nuire à la solidité, l'épaisseur du massif gigantesque de maçonnerie qui sert de base au fort central : il ne descend pas au-dessous des hautes mers de morte-eau. Les tempêtes qui l'ont assailli depuis trente ans ne l'ont pas plus ébranlé que les bancs de granit d'où il est sorti, et il peut être considéré comme aussi indestructible qu'aucun ouvrage sorti de la main des hommes.

M. Cachin termina en 1823 une carrière dont le souvenir durera autant que les travaux de Cherbourg; il eut pour successeur M. Fouques-Duparc, qui était son collaborateur depuis 1803. Il laissait indécise une grave question, celle du couronnement à donner à la digue. La fixation de la crête de cette immense construction n'importait pas moins que l'assiette de sa base, car, puisque la mer tendait sans cesse à renverser les parties supérieures, la persistance d'une action libre aurait étalé dans la rade les matériaux enlevés sur la crête jusqu'à ce que l'équilibre entre la force de l'attaque et celle de la résistance fût atteint : la digue n'aurait plus alors été qu'un grand écueil sous-marin sur le dos duquel les tempêtes des syzygies auraient fait bondir les lames et propagé l'agitation des flots jusqu'au rivage. M. Duparc avait des idées très arrêtées sur les moyens de pourvoir à cet état de choses : M. Cachin, qui avait assurément acquis le droit d'avoir en ses vues plus de confiance que dans celles des autres, rejetait les propositions de son subordonné, en y substituant un système que celui-ci croyait condamné par l'expérience; mais cette divergence d'opinions n'aurait été préjudiciable que si le moment d'achever la digue était venu plus tôt.

Le nouveau directeur commença par faire constater par des levers rigoureux le relief de la digue, et c'est ici le lieu de faire un retour sur le passé, pour se rendre compte des modifications que quarante années du travail de la mer avaient apportées à l'état des masses de matériaux qu'on lui avait confiées. Au début de l'entreprise, on calculait que, baigné par des eaux tranquilles, le talus intérieur garderait à peu près la pente du tassement naturel des matériaux, et que, pour résister à la sape des courans de marée et aux assauts des tempêtes, le talus extérieur devait avoir de quatre à cinq mètres de base pour un de hauteur; mais la détermination du relief qui remplirait cette condition était le secret de la mer, et les profils qu'on releva en 1792 montrèrent qu'on ne l'avait pas deviné. Elle ne s'arrête devant les sables ou les galets de ses rivages que quand elle leur a donné la courbure d'équilibre; elle ne pouvait pas se comporter autrement avec la digue. Suivant leur force et leur direction, les flots avaient, comme disent les matelots, *agrafé* toutes les pierres qui leur donnaient prise, et les avaient promenées de place en place jusqu'à ce qu'ils leur en eussent trouvé une où la force de stabilité fût supérieure à leur action. La forme de la digue différait déjà beaucoup, dès les premières années, de celle qu'on avait prétendu lui donner. Le résultat général du remaniement qui s'était opéré était l'élargissement de la base et l'abaissement de la hauteur; mais le talus n'était pas régulier, et sa courbure portait l'empreinte des variations réciproques des forces et des résistances qui s'étaient combattues. Une arête longitudinale faisait saillie à cinq mètres en contre-bas des basses mers de vive-eau. Au-dessous de ce niveau, le talus était de trois mètres de base pour un de hauteur, et en dessus de huit pour un. On concluait de cet état de choses que la force des lames mollissait au-dessous de l'arête par l'effet de la charge des couches d'eau supérieures et du frottement sur le fond, et que la rapide inclinaison de la base était le résultat de cette circonstance, combinée avec la tendance des matériaux les plus volumineux à rouler vers le bas du talus.

Une masse considérable de matériaux enlevée à la surface s'était portée, parallèlement à l'axe de la digue, vers les extrémités, et rangée autour des musoirs. Ce n'était pas encore là le dernier mot de la mer. En 1828 et 1829, le pied du talus s'était sensiblement avancé; l'angle que formaient trente ans auparavant à 5 mètres au-dessous du niveau des basses mers ces deux plans d'inclinaison s'était émoussé partout; il s'était même tout à fait effacé sur plusieurs points, et l'inclinaison générale du talus supérieur accusait 12 mètres de base pour 1 de hauteur. Le centre de la digue, sur lequel s'élevait le Fort-Napoléon, et où le passage des lames était par conséquent complètement intercepté, était chaussé d'un talus de sable de 2 mètres de hauteur, et la plus grande partie du talus pierreux était enduite d'une couche visqueuse de plantes marines et de coquillages. Les mesures prises montraient que les premiers calculs faits sur le volume du prisme correspondant au talus extérieur étaient de sept douzièmes au-dessous des exigences de la mer, et, si cette découverte n'était point heureuse au point de vue économique, elle enseignait en compensation que les conditions d'équilibre de la digue étaient atteintes; la végétation dont elle se revêtait en était la preuve irréfragable. Toutefois l'affermissement de la digue et l'élargissement de sa base n'avaient pu s'effectuer qu'aux dépens de sa hauteur : la crête était de 2 ou 3 mètres au-dessous du niveau qu'on avait cru atteindre avec la quantité de matériaux employée, et le mécompte n'était pas moins grand sur le calme promis à la rade. Il ressortait clairement des effets observés que l'action exercée sur la digue était la résultante de deux forces : le frottement des courans alternatifs de flot et de jusant qui la côtoient et le choc des coups de mer qui la heurtent de front ou la prennent en écharpe. Cette expérience de trente années montrait les lames qui déferlent sur la digue s'emparant de toute pierre et de toute roche déclassée, la délaissant pour la ressaisir, la promenant sur le talus, tantôt le lui faisant descendre obliquement, tantôt la poussant violemment sur le sommet et la précipitant sur le revers intérieur, et ne l'abandonnant jamais qu'après l'avoir mise hors de ses atteintes. Parmi ces évolutions aussi capricieuses que les vents, la constance des effets manifestait celle des tendances; les lois de l'hydrostatique et de la pesanteur dominaient le tumulte des tempêtes : plus la digue était tourmentée, mieux elle se tassait; toujours la mer rasait les saillies, comblait les creux et remaniait les matériaux, qui semblaient lui servir de jouet jusqu'à ce qu'elle les eût rangés dans les conditions de stabilité que n'avaient pas su leur donner les hommes. Telles étaient les leçons données par les élémens qu'on avait à combattre, et la conclusion en était facile à tirer; il restait à faire un grand rechargement de la digue et à en mettre la crête au-dessus de la fureur des eaux.

D'après ces détails et ceux qu'on a donnés plus haut, l'histoire de la digue de Cherbourg pourrait se diviser en trois périodes : celle de l'emploi des cônes de M. de Cessart, temps d'essais malheureux où l'extraordinaire est pris pour le bon, où les idées simples et pratiques sont frappées d'une sorte de réprobation; puis vient celle de l'exécution à pierres perdues, dans laquelle l'intelligente opiniâtreté de M. Cachin triomphe des plus grandes difficultés que puisse rencontrer l'art de l'ingénieur; enfin la troisième, celle de la consolidation du corps de la digue par l'imposition d'un couronnement indestructible.

La digue étant arrivée à ce point, sa partie la moins épaisse, la moins tassée, la plus faible, était celle qu'atteignaient les plus furieux assauts de la mer; le minimum des forces de la résistance coïncidait avec le maximum des forces de l'attaque. Les lames poussées du large contre la digue faisaient remonter le talus aux pierres mobiles et les rejetaient sur le revers intérieur. Cet écrêtement continuel faisait en réalité cheminer la digue vers le fond de la rade; en 1828, elle s'était ainsi avancée parallèlement à elle-même de 10 mètres sur toute sa longueur, et la meilleure partie du mouillage avait perdu par cette seule cause une étendue de quatre hectares.

M. Cachin s'était obstiné à prétendre qu'on pourrait fixer la crête de la digue au moyen d'un couronnement de gros blocs; mais, si résistans que fussent ces blocs par leur masse, leurs bases ne pouvaient pas manquer d'être tôt ou tard affouillées, et, une fois hors d'équilibre, ils roulaient, un peu plus tôt, un peu plus tard, d'eux-mêmes derrière la digue. D'autres systèmes furent proposés : celui de M. Duparc présentait seul le degré de puissance et de simplicité qui est la garantie de la durée. Il consistait à élever progressivement les empierremens à leur hauteur normale et à couronner la digue dans toute sa longueur par un prisme de béton et de maçonnerie de 10 mètres de largeur sur 7^{m}50 de hauteur. Le projet, très soigneusement étudié, fut adopté par M. Hyde de Neuville. L'exécution en a été dirigée par M. Duparc jusqu'à la fin de 1838; elle a été confiée après lui à M. Reibell, qui a terminé la digue en 1853. Toutes les prévisions de M. Duparc ont été confirmées par l'expérience. L'empierrement, comprimé par un poids de 20,000 kilogrammes par mètre carré, n'a point éprouvé de tassement sensible, les galets que peuvent rouler les lames, arrêtés au pied du massif, ne font que fortifier l'empierrement, et les tempêtes qui labouraient autrefois le dos de la digue expirent impuissantes au pied d'une masse solidaire dont chaque mètre courant pèse près de deux cents tonnes. La stabilité de la digue peut désormais défier toutes les fureurs de l'Océan (1).

La digue est fondée par des profondeurs moyennes de 13 mètres au-dessous des plus basses, et de 20 mètres au-dessous des plus hautes mers d'équinoxe; la longueur en est de 3,712 mètres à la base, de 3,550 mètres au couronnement. Cette longueur est l'équivalent de la distance de la cour carrée du Louvre à l'arc-de-triomphe marins ne croient pas que, par un mauvais temps, on y pût prendre mouillage avec plus de quinze vaisseaux à voiles. Les frégates, les corvettes et les bâtimens de flottille se placent en dehors du mouillage des vaisseaux. Ces ressources, il faut l'avouer, sont peu de chose en face de Portsmouth et des mouillages des Dunes, de Spithead et du Solent, où seraient à l'aise toutes les flottes réunies de l'Angleterre et de la France. C'est une raison de donner des succursales à la rade de Cherbourg, et la chose n'est pas impossible.

La rade d'abord, le port ensuite, telle était la conclusion du mémoire remis en 1777 par M. de La Bretonnière à M. de Sartines, et pour présenter ici les choses dans cet ordre logique, il a fallu laisser en arrière d'immenses travaux qui pendant quarante années ont marché parallèlement à ceux de la digue. Le creusement du port proposé par Vauban en 1696 fut décidé en 1787, au moment où le système de construction à pierres perdues prévalait pour la digue on voulait faire servir les déblais des bassins à l'exhaussement de la colline sous-marine sur laquelle se brisaient déjà les lames à l'entrée de la rade; mais il n'était pas réservé aux auteurs de cette combinaison d'en faire l'application, et le creusement du port militaire ne devait être entrepris qu'en 1803.

Aucune hésitation n'était possible dans le choix de l'emplacement; la nature elle-même l'avait fixé : le rivage de la rade ne pouvait être accosté par les grands vaisseaux que dans l'anse du Galet, à 1,500 mètres au nord-ouest de l'entrée du port de commerce, et Vauban, dans sa prévoyance, y avait acheté pour l'exécution de ses projets des terrains qu'on a nommés le *Pré-du-Roi* jusqu'au moment où ils ont disparu dans les excavations ou sous les remblais du nouvel établissement. Cet emplacement fait sur la rade une saillie en angle droit dont le fort du Houmet occupe le sommet. Le côté septentrional a 1,300 mètres, le côté oriental 1,500, et les deux extrémités sont réunies par une courbe, qui donne à la surface de l'arsenal la figure d'un quart d'ovale.

Sous tout cet espace, le roc vif affleure au jour, et la tranche inégale s'en montre le long du rivage. Creuser le roc à la mine est une opération toujours pénible pour l'ouvrier, rarement difficile pour l'ingénieur; il n'en est pas de plus régulièrement prosaïque; cependant elle est sortie, dans les travaux de l'arrière-bassin, de sa monotonie habituelle. Elle s'exécutait en régie en 1851. L'assemblée législative, frappée de la disproportion entre les dépenses et les résultats, convaincue à tort ou à raison que cette partie des travaux de Cherbourg était une espèce d'atelier national, mit une condition au vote des crédits qui lui étaient demandés pour la continuation des travaux : c'est que l'emploi en serait fait par un entrepreneur. L'adjudication fut donnée à un rabais qui en fit passer le titulaire pour ruiné d'avance. M. Dussaux déjoua ces prévisions par l'application hardie de procédés qu'on n'avait encore appliqués que dans des circonstances fort différentes. Au lieu d'arracher comme à l'ordinaire le rocher parcelle par parcelle, il ouvrit des galeries au niveau du fond qu'il s'agissait d'atteindre, les termina par des fourneaux de plusieurs milliers de poudre, et quand l'explosion souterraine se fit, une masse de plusieurs hectares d'étendue se souleva comme dans un tremblement de terre vertical, puis se disloqua en retombant : il ne restait plus à faire qu'un grand déblai. La difficulté des travaux de l'arsenal, dont la solution fait au corps des ponts et chaussées un honneur impérissable, est l'établissement de la communication entre la mer et les bassins. Il fallait interdire par la construction de batardeaux gigantesques le contact du rivage à la mer, et creuser dans le roc, en arrière de ce rempart, une passe de 64 mètres de largeur et un avant-port descendant à 9^m25 au-dessous du niveau des plus basses mers. L'avant-port était inauguré le 27 août 1813 par l'impératrice Marie-Louise. Le bassin à flot, auquel il donne entrée, le fut sous un autre drapeau le 25 août 1829, et l'arrière-bassin, ouvert parallèlement aux premiers et communiquant avec chacun des deux, s'est rempli le 8 août 1858, sur un signe donné en présence de la reine d'Angleterre par l'empereur Napoléon III.

Ces trois bassins, revêtus de granit, offrent au flottage des plus grands navires une surface de 21 hectares, 65 ares, 68 centiares (1), et, sans les portes de flot, la profondeur d'eau y varierait avec les marées entre 9^m25 et 16^m40. Des cales de construction et des formes de radoubs qu'on pourrait classer parmi les monumens d'art, tant l'architecture en est grandiose et soignée, garnissent trois côtés de l'arrière-bassin, et atteignent la limite à laquelle peut s'élever la perfection dans les travaux hydrauliques. Des magasins somptueux, beaucoup plus beaux que ceux de Portsmouth, sont disposés autour de ces majestueuses nappes d'eau, et je mettrai dans ce moment mon amour-propre national à ne rien dire de la manière dont les uns et les autres sont approvisionnés. Faut-il se hâter de remplir ces magasins, d'y accumuler les matériaux d'espèces variées qui servent à la construction des vaisseaux, d'élever sur les cales des coques de navires, d'empiler des bois de mâture, des cordages et des toiles? Pour répondre sans hésitation à ces questions, il fau-

(1) La surface de l'avant-port est de.. 292 ares 00 $\times$ 237^m = 6 h. 92 a. 04 c.
Celle du bassin à flot de......... 292 ares 00 $\times$ 217^m = 6 h. 33 a. 64 c.
Celle de l'arrière-bassin de...... 420 ares 00 $\times$ 280^m = 8 h. 40 a. 00 c.

drait être convaincu que ces amas de matières combustibles seront en parfaite sûreté dans l'arsenal de Cherbourg. On ne saurait qu'en penser aujourd'hui, et pourtant l'artillerie n'a pas dit son dernier mot sur la puissance des moyens de destruction qu'elle emploiera dans la première guerre. En attendant, si l'état des défenses du port permet de hasarder quelques conjectures sur ce que conseille la prudence, nous ne perdrons rien à laisser les grands chantiers de construction et les grands dépôts d'approvisionnemens maritimes de l'Océan à Brest et à Rochefort, où la disposition des lieux ne les expose pas aux mêmes hasards que sur la Manche.

III.

L'histoire du vieux Cherbourg enseigne hautement combien le nouveau a besoin d'être défendu. Aussi, depuis Vauban, les travaux des fortifications ont-ils toujours marché de front avec ceux de l'établissement maritime : les uns sont la condition du maintien des autres.

Les attaques contre Cherbourg peuvent venir du côté de la terre et de celui de la mer. Les premières sont peu probables; elles supposent des débarquemens, des rembarquemens, et entraînent une série d'opérations dans lesquelles les accidens dont le terrain est hérissé, les ressources actuelles de l'art de la guerre, les facilités d'arrivage des secours par les routes ordinaires et les chemins de fer rendraient presque infaillible la perte de l'ennemi. Même à défaut d'une enceinte bastionnée de la force de celle de Portsmouth, et dans l'état de faiblesse des forts détachés qui couronnent l'arête du soulèvement granitique qui forme la ligne méridionale de défense de Cherbourg, la ville serait très difficile à emporter, et l'ennemi n'en deviendrait maître que pour se trouver en face de la puissante enceinte de l'arsenal, qui exigerait à elle seule un long siége. A balancer les périls et les chances de succès de l'entreprise, il en serait peu de plus déraisonnables.

Il n'en serait pas de même des attaques par mer. Des officiers intrépides, tels qu'en possède beaucoup la marine britannique, ont souvent répété que, si la reine Victoria ordonnait de brûler Cherbourg, elle serait obéie. Ne faut-il voir dans ces assurances qu'une vaine forfanterie? Les bassins de l'arsenal sont à 2,500 mètres en arrière de la digue : des mortiers portent à 5,000 mètres des bombes de nouvelle invention, chargées de matières incendiaires; par conséquent des batteries flottantes cuirassées de fer, comme celles que nous avons employées à Kinburn, peuvent, sans rien supposer de bien extraordinaire, mettre en feu l'arsenal, et plus nos magasins seraient riches en approvisionnemens propres à l'alimentation de l'incendie, plus l'entreprise aurait de motifs d'être tentée et de moyens de réussir. L'attaque, si elle avait lieu, serait nécessairement inopinée. Lorsque le vent était la seule force d'impulsion des navires, la direction même des courans aériens avertissait des dangers qu'ils pouvaient amener, et quand elle était contraire, il était permis de prendre du répit. La vapeur n'admet plus de semblables trèves. On vient de la côte d'Angleterre à Cherbourg en six heures, et par un temps couvert, une nuit sombre, des navires peuvent presque aborder la digue sans que rien ait averti de leur approche. Nos voisins connaissent aussi bien que nous les passes de la rade, et, comme s'ils avaient besoin de se les rendre familières, il est peu de semaine où quelques-uns de leurs yachts ne partent à la tombée de la nuit de la rade de Spithead, ne viennent faire le tour de la digue de Cherbourg, et ne regagnent la côte d'Angleterre le lendemain matin. Il nous est en revanche loisible de faire de semblables promenades autour de l'île de Wight; mais nous nous abstenons de ces représailles par un motif dont il serait injuste de faire un reproche à l'Angleterre, c'est que nous n'avons point de yachts. Voilà pour les conditions nautiques de l'entreprise : ajoutons que le gouvernement anglais n'a jamais partagé ce préjugé continental qui veut qu'on déclare la guerre avant de la commencer. Sa sollicitude attentive est éveillée sans relâche sur l'état de nos moyens d'attaque et de nos moyens de défense. Personne n'ignore dans le Cotentin qu'il n'entre pas un soldat à Cherbourg ou une gargousse dans l'arsenal que l'amirauté d'Angleterre n'en soit informée; le surintendant de Portsmouth en sait à cet égard autant que le préfet de notre premier arrondissement maritime. Il n'y a par conséquent ni indiscrétion ni danger à signaler à l'attention de nos compatriotes des côtés faibles ou des négligences sur lesquels on n'a rien à apprendre au-delà du détroit. Considérer avec calme et fermeté notre situation est au contraire la première condition à remplir pour y porter des remèdes et des améliorations.

Sans entrer dans aucune discussion sur la puissance respective de l'artillerie des vaisseaux et de celle des batteries de terre, mais sans perdre de vue que tout moyen d'attaque peut être retourné contre l'agresseur, voici dans quel état une attaque par mer trouverait Cherbourg, et il ne s'agit point ici d'une circonstance accidentelle, mais d'un état permanent depuis longues années. Le commandement y est partagé entre un contre-amiral et un général de brigade. Quelle que soit la précision des règlemens qui fixent pour la guerre les attributions de chacun, il est difficile d'espérer que, dans un cas de surprise, d'incendie, où les plus courts momens sont gros de chances de perte ou de salut, le conflit, ou, si l'on veut, la louable rivalité entre des officiers d'armes différentes, n'entraînât pas au moins quelques pertes de temps. L'arrivée d'un supérieur devant lequel se tairaient tous les antagonismes rétablirait sans doute l'unité d'action; mais ce supérieur est à Caen, c'est le commandant de la division, et son départ fût-il instantané, pendant les deux heures qu'il mettrait à faire le trajet, l'arsenal pourrait être consumé. Les commandans militaires devraient être sur les points stratégiques du territoire à la défense duquel ils veillent; si Caen est le centre géographique de la division militaire, Cherbourg en est le cœur et l'épée : c'est le lieu de l'action. Ce qui est vulnérable et ce qu'il faut défendre est là, et non ailleurs. Les Anglais n'ont point commis de méprises semblables dans le choix de la résidence du commandant supérieur d'un territoire voisin : il est à Jersey, c'est-à-dire au point le mieux placé pour la défense et pour l'attaque. En transportant à Cherbourg le commandement de la division militaire, on ne ferait qu'appliquer un principe de sûreté si évident qu'il ne se discute pas. Quand il n'y aurait pas à cette mesure d'autre avantage que de familiariser d'avance les uns avec les autres ceux qui doivent commander et ceux qui doivent obéir dans des combats inopinés, c'en serait assez pour en faire sentir la nécessité.

La défense de la rade, du port et de la ville implique la mise en batterie de trois cent cinquante pièces de canon. Cent cinquante canonniers à peine sont sur les lieux pour les servir. Ici encore, un vide affligeant peut être rempli par de simples transpositions. Le dépôt du beau régiment d'artillerie de la marine est à Lorient, dans celui de nos ports qui risque le moins d'être attaqué. Sa présence y peut exercer une influence très salutaire sur les recettes de l'octroi et sur le prix de location des chambres d'officiers; mais sa place est au poste du danger, et c'est une assez singulière organisation que celle qui met les canons d'un côté et les canonniers de l'autre. Il est vrai que nos matelots, dressés à l'exercice du canon, ils l'ont bien prouvé à Sébastopol, seraient d'un puissant secours pour le service des batteries de côte; mais ils ne sont pas sous la main comme une troupe organisée, et il est imprudent, en face de pareils dangers, d'oublier que les soldats d'infanterie de marine pourraient tous être instruits à la manœuvre de pièces stables, infiniment plus simple que celle des pièces de campagne, qui se meuvent sur les champs de bataille.

En 1787, pendant la réunion à Cherbourg de la commission chargée d'étudier les dispositions définitives de la digue, Dumouriez écrivait : « Sans doute des bâtimens embossés et ceux même qui voudront entrer dans la rade n'essuieront pas le feu d'un fort sans danger; mais apparemment on risque à la guerre quand il y a objet et raison suffisante. Duguay-Trouin sut risquer à Rio-Janeiro. Au commencement de l'avant-dernière guerre, tous les jours l'amiral Anson soutenoit thèse sur l'attaque de Brest qu'il vouloit persuader à sa nation, et tout à l'heure M. le bailli de Suffren me disoit qu'à cette distance de quatre à cinq cents toises un fort seroit redoutable pour les vaisseaux obligés de *rester là*, mais qu'il n'est aucun feu qu'ils ne puissent supporter *en passant*. Appuyé de cette autorité, je tiens d'autant plus à l'idée que par mer comme par terre on compte toujours trop sur ce feu, qu'il ne peut être de grand effet qu'*avec du temps*, qu'il ne faut pas absolument s'y fier ni le craindre *en passant*. » Si Dumouriez disait vrai en 1787, que ne dirait-il pas aujourd'hui qu'au lieu des vaisseaux d'autrefois, des batteries flottantes à l'épreuve du boulet pénétreraient dans la rade! Trouverait-il les batteries circulaires des musoirs suffisantes pour prévenir un désastre? C'est une question que les nouveaux progrès de l'artillerie posent en présence des hommes spéciaux. Tous seront d'avis qu'il est urgent d'élever les moyens de défense au niveau des moyens d'attaque. Déjà sont posées les bases d'un fort qui doit être assis sur la Basse-Chavagnac, au milieu de la passe de l'ouest; mais peut-être n'est-ce pas assez, et le danger du passage des batteries flottantes, qui, plus redoutables que les vaisseaux, ont beaucoup moins de tirant d'eau, devrait ramener à l'ancien projet de la construction d'une digue réunissant le Fort-Chavagnac à celui de Querqueville.

Enfin, si l'incendie de l'arsenal est une éventualité que la portée actuelle du mortier impose l'obligation de prévoir, une observation sera permise. Des constructions qui garnissent l'arsenal, les unes sont l'ouvrage du génie militaire, les autres celui des ingénieurs de la marine. Les premières, batteries, casernes ou magasins, sont voûtées et mises à l'épreuve de la bombe, peut-être par souvenir des recommandations expresses de Vauban dans son mémoire de 1686. Les bâtimens de la marine, destinés aux approvisionnemens de matières dont la plupart sont combustibles, n'ont au contraire pas d'autres toitures que celles des maisons bourgeoises de la ville, et sont par conséquent dans les meilleures conditions pour être enfoncés et brûlés par les bombes. Cette anomalie n'est pas présentée ici comme une preuve de l'impuissance de notre centralisation à coordonner l'action de deux bureaux qui se touchent; mais il faut en conclure que, si les magasins et les chantiers de Cherbourg sont si bien exposés aux bombes ennemies, il n'y a aucune raison d'y transporter des moyens de construction qui, à Brest, par exemple, sont en dehors de leur portée.

L'état complet des dépenses faites pour la fondation de l'établissement militaire de Cherbourg n'a encore été, que je sache, publié nulle part. Il est intéressant à plus d'un titre. Ces dépenses ont été décidées en 1777, ont commencé à la paix de 1783, et ne sont point arrivées à leur terme, puisque les fortifications sont encore incomplètes, et que la révolution qui s'opère dans l'artillerie peut exiger l'adoption d'un nouveau système de défense. Elles se sont naturellement partagées entre les travaux maritimes proprement dits et les travaux des fortifications et des bâtimens militaires, et voici à quelles sommes elles se sont élevées :

ÉPOQUES.	Travaux maritimes.	Fortifications et bâtim. militaires.	TOTAUX.	RAPPORTS.
	fr.	fr.	fr.	
Ancienne monarchie, de 1783 à 1792.	31,192,679	10,243,268	41,436,047	218
République, de 1793 à 1800	»	»	»	»
Consulat et empire, de 1801 au 31 mars 1814	29,406,387	8,971,296	38,377,683	202
Restauration, du 1er avril 1814 au 31 juillet 1830	10,336,115	1,587,494	11,923,609	63
Gouvernement de juillet, du 1er août 1830 au 24 février 1848	40,656,139	8,467,556	49,123,695	258
République, du 25 février 1848 au 2 décembre 1852	16,113,001	2,892,433	19,005,434	100
Gouvernement de Napoléon III, du 3 décembre 1852 au 31 décembre 1857	25,940,201	4,468,093	30,308,294	159
	153,644,522	36,630,240	190,274,762	1,000

Les années des plus fortes dépenses des travaux maritimes ont été :

1846	5,056,105 fr.
1855	5,589,745
1857	5,834,068
1847	5,991,305
1856	6,560,245
1780	7,214,326 (1)

La réduction de l'ensemble des dépenses de chaque régime au chiffre de l'exercice moyen donne une expression plus exacte de la puissance de concours de chacun; elle conduit aux résultats suivans :

(1) Ce chiffre est emprunté à une note du maréchal de Castries; mais il appartient à une époque où la division par exercices était beaucoup moins précise qu'aujourd'hui, et il est probable qu'il comprend des liquidations de dépenses faites pendant des années antérieures.

Sous Louis XVI,	pour 10 ans		3,118,267 fr.
Napoléon,	11	3 mois	3,511,349
la restauration,	16	3	733,760
Louis-Philippe,	17	7	2,793,758
la république,	4	9	4,001,144
Napoléon III,	5	1	5,966,199

Ainsi, au milieu des vicissitudes politiques qui ont tourmenté notre pays depuis quatre-vingts ans, il y a eu une entreprise suivie avec persévérance, pour l'accomplissement de laquelle les gouvernemens les plus dissemblables se sont associés. Un seul, celui de la révolution, marque dans ce faisceau par son absence; mais qui oserait le lui reprocher? Il avait à sauver sur d'autres champs de bataille l'indépendance de la nation, et s'il détournait ses regards de nos côtes, c'était pour nous assimiler sur l'Escaut, le Rhin et les Alpes, quinze départemens que nous a fait perdre la politique personnelle substituée de 1808 à 1814 à la politique nationale. La république de 1848, qui chantait *la Marseillaise* en déclarant la paix à tout le monde, s'est du moins montrée intelligente et sérieuse dans l'activité qu'elle a donnée aux travaux de Cherbourg.

Rien n'est si trompeur que les chiffres, quand on les considère abstraction faite des circonstances dans lesquelles ils se produisent. La part numérique du règne de Louis XVI dans ceux qui précèdent n'est pas la plus forte; mais il serait injuste de ne pas tenir compte des embarras financiers de cette époque. Le revenu public n'était pas alors beaucoup plus du tiers de ce qu'il est aujourd'hui, et la valeur de l'argent était très supérieure; c'était enfin pour l'entreprise le temps d'un enfantement pénible : tout était nouveau, tout était à créer. Le calcul assis sur ces bases ne permet guère de contester à ce règne le premier rang dans l'ordre des contingens. Sous Napoléon, la difficulté était moins de réunir des fonds que de les employer; les travaux étaient arrivés à une période où l'essor n'en pouvait être complet qu'à l'aide de la machine à vapeur, et c'était se tromper sur les rigueurs des élémens aussi bien que sur la constance de la fortune que d'annoncer, dans l'exposé de la situation de l'empire de 1811, que l'établissement de Cherbourg serait terminé avant dix ans. La grandeur des efforts qu'il a faits lorsque des guerres acharnées semblaient devoir l'absorber tout entier n'en est pas moins un des témoignages les plus éclatans de l'ordre et de l'intelligence de son administration. Quant à la restauration, ses forces ont été longtemps comprimées par la charge de l'arriéré de deux invasions. Le gouvernement du roi Louis-Philippe a fait les plus grands travaux de la digue, et celui de l'empereur Napoléon III a eu l'honneur, assez enviable dans un pays où l'on commence tant de choses, d'en finir une des plus grandes qui s'y soient jamais entreprises.

Pour ne rien omettre sur l'établissement militaire de Cherbourg, il faudrait raconter les fêtes dont il a retenti cette année : j'en ai quitté le théâtre la veille du jour où elles allaient commencer. L'activité silencieuse du port aux jours de travail allait mieux au dessein de le visiter une quatrième fois avant de le décrire que les transports d'une solennité populaire. Peut-être aussi ai-je eu la faiblesse de craindre de superposer des souvenirs trop éclatans aux souvenirs laborieux de 1811. La présence de la reine d'Angleterre à l'inauguration du dernier bassin de notre arsenal de la Manche a cependant ajouté une page brillante à l'histoire de l'année 1858; mais aujourd'hui que la terre et la mer ne retentissent plus de salves et d'acclamations, que l'éblouissement causé par le concours de tant de merveilles se dissipe, il reste à rendre à ceux qui, morts ou vivans, ont conçu, poursuivi, complété les travaux de Cherbourg, un hommage plus modeste, plus durable que des fêtes, et non moins digne d'eux et de la nation : ce serait la publication pure et simple de tous les documens qui se rapportent à l'exécution de cette grande entreprise. L'établissement de Cherbourg tient assez de place parmi les élémens de notre puissance militaire pour en avoir une spéciale dans notre histoire, et l'on inspire aux nations de nobles desseins en retraçant ceux qu'elles ont accomplis.

II.

LES PARAGES ADJACENS. — LA VILLE ET LE PORT DE COMMERCE.

Littora littoribus contraria….
(*Æn.*, l. iv.)

Créer sur une mer tumultueuse et toujours couverte de navires une rade sûre et profonde, creuser dans le roc un vaste port, poser en face des arsenaux de l'Angleterre un arsenal capable de faire respecter la côte méridionale de la Manche, ouvrir aux amis un refuge, ménager aux ennemis des échecs, voilà ce que nous avons fait à Cherbourg, et rien de plus grand peut-être ne s'est jamais tenté dans l'intérêt de la paix du monde et de la liberté des mers. Gardons-nous pourtant de croire notre tâche accomplie parce qu'il reste peu de chose à terminer dans le port et dans la rade. Hospitalier et redoutable, notre établissement militaire de la Manche donne à tous de nouvelles raisons de tenir à notre amitié ; mais nous avons à nous défendre de deux illusions : l'une, la plus fâcheuse, serait de le croire terminé ; l'autre, remplie de danger, serait d'imaginer que Cherbourg nous confère une supériorité maritime dans la Manche. Quand on songe à la lutte, il n'est rien de plus imprudent que de ne pas mesurer les armes de ses adversaires.

Nous limiterons aux rivages de la Manche une comparaison qui pourrait s'étendre à toutes les forces navales de la France et de l'Angleterre : Portsmouth est la métropole militaire de la côte septentrionale de cette mer comme Cherbourg est celle de la côte méridionale. Il est plus glorieux d'avoir construit l'un ; il est plus profitable de posséder l'autre. L'un ne vaut que par les efforts de l'art ; l'autre est comblé des dons de la nature. Le régime des marées, les habitudes des vents, la profondeur de la mer, l'ampleur des attenances, toutes les causes de supériorité auxquelles il est hors de la puissance de l'homme de trouver des compensations sont réunies à

Portsmouth. Les oscillations des marées y sont beaucoup moins fortes, la durée de la mer pleine y est plus longue que chez nous; les vents du nord, qui s'animent en traversant le canal et poussent des vagues furieuses contre les côtes de Normandie, sont toujours maniables sur celles d'Angleterre. En approchant de Portsmouth, le navigateur trouve partout une mer saine et profonde; chez nous, il doit être toujours en garde contre les écueils et les bas-fonds. La rade de Cherbourg ne peut contenir qu'une partie de notre flotte : celle de Portsmouth avec ses attenances immédiates abriterait à l'aise tous les bâtimens de guerre de l'Europe; mais c'est surtout dans les succursales de l'établissement de Portsmouth que se manifeste sa supériorité. Il fallait que sur quelque point de la Manche qu'un vaisseau de ligne et à plus forte raison un moindre navire de guerre ou de commerce fût surpris par la tempête ou menacé par l'ennemi, il eût à sa portée un refuge aussi sûr que celui même de Portsmouth, et quand la nature le refusait, l'art a dû le donner. Cette nécessité est l'origine de l'établissement dans la Manche de mouillages accessibles à tout état de la marée et par tous les vents dont la Grande-Bretagne est occupée depuis vingt ans, mouillages défendus par des batteries formidables, véritables places d'armes d'où prendraient au besoin leur essor des escadres de navires à vapeur armés ou de batteries flottantes. Portsmouth est déjà flanqué à soixante milles de distance à l'est et à l'ouest par deux de ces établissemens, New-Haven et Seaford d'un côté, Portland de l'autre : à New-Haven, on construit un brise-lame de 1,850 mètres, d'une longueur équivalente à la moitié de celle de la digue de Cherbourg; à Portland, l'administration, mieux inspirée que nous, qui, lorsque nous n'exportons pas nos condamnés, ne savons les employer qu'à des travaux de fabrique, occupe les prisonniers à compléter par la création d'un môle de 2,300 mètres une rade déjà passable. Le premier devis de ces derniers travaux est de 12,650,000 fr. A trente milles de Seaford, vis-à-vis Boulogne, un autre brise-lame couvrira la pointe de Dangeness, que doublent tous les bâtimens qui font voile de l'Océan vers la Tamise ou de la Tamise vers l'Océan. Enfin, à dix-neuf milles au nord de Dangeness, une somme de 63 millions est affectée à l'établissement devant Douvres d'un mouillage extérieur couvert par des digues de 3,300 mètres de développement. En se dirigeant de Portland vers l'ouest, Dartmouth s'ouvre à quarante-cinq milles plus loin; puis se présente à trente milles Plymouth, avec un brise-lame qu'on a prétendu comparer à celui de Cherbourg; — enfin Falmouth, à trente-huit milles. Ainsi, sur une étendue de quatre-vingt-quatorze lieues marines, l'Angleterre ouvre à ses escadres huit rades fortifiées qui se prêtent un appui mutuel.

L'Angleterre pourtant n'a point trouvé que ce fût assez. Les îles d'Aurigny, de Sercq et de Jersey gisent parallèlement à la côte occidentale du Cotentin : elles étaient jusqu'à ces derniers temps inoffensives. Des instructions nautiques publiées en 1846, par ordre de l'amirauté britannique (1), nous apprenaient seulement que « le mouillage de la baie de la Baleine, dans l'île de Sercq, semble fait tout exprès pour servir d'abri aux croiseurs qui observeraient en temps de guerre le port de Diélette, seul point de la côte de France entre Granville et Cherbourg où l'on puisse réunir une flottille... » Depuis que les relations amicales se sont resserrées entre la France et l'Angleterre, les choses ont changé. On termine aujourd'hui sur la côte orientale de Jersey, dans la baie de Sainte-Catherine, un de ces ports de refuge, accessibles à toute marée, que le parlement d'Angleterre destine à recevoir des bâtimens à vapeur armés en guerre pour la protection du commerce national et la destruction de celui de l'ennemi. L'espace, enveloppé dans de longues jetées, est de 120 hectares; il est protégé par un fort et accompagné d'un camp retranché de 80 hectares. A Aurigny, à quatre lieues de La Hague, à neuf de Cherbourg, la rade foraine de Braye se convertit en un établissement militaire de premier ordre. Au plus beau de notre entente cordiale, l'attention s'est un instant émue à la découverte de cette batterie dressée contre nos côtes : ce n'était, disait fort cavalièrement lord Palmerston, qu'une guérite, une lorgnette posée pour avoir plus commodément des nouvelles de Cherbourg. Cette guérite, la plus grande assurément du globe, comprend la rade de Braye, ouverte au nord de l'île. Un môle enraciné au pied du fort de l'ouest est déjà poussé à 600 mètres; la longueur totale en doit être de 2,300, et le musoir, couronné d'un fort, sera fondé à une profondeur de 42 mètres; les plus fortes escadres trouveront un abri derrière ce rempart. Enfin de puissantes fortifications enveloppent l'établissement principal, et les moindres plages abordables aux bateaux de pêche sont défendues par des escarpemens et des batteries. L'île entière d'Aurigny, dont la contenance est d'environ 2,000 hectares, ne formera dans l'occasion qu'un camp retranché. Le gouvernement anglais, demandant à la chambre des communes, le 28 février 1853, un crédit de 160,000 liv. sterl. (4 millions de francs) pour ces fortifications, déclarait par la bouche de sir Francis Baring qu'aucune position n'était plus nécessaire à fortifier dans la Manche, et il suppliait ses adversaires de ne point faire porter le débat sur des questions techniques

---

(1) *Sailing directions for the English channel*, by captain Martin White, R. N. London 1846.

qu'il serait dangereux d'agiter devant tout le monde. Sir James Graham ajoutait, en homme attentif à ne point engager l'avenir, qu'il serait ultérieurement décidé si le port et le mouillage seraient augmentés. Ces travaux se poursuivent avec l'activité dont nous avons donné l'exemple à Cherbourg, et si l'on veut bien considérer que le milieu de la Manche est dès ce moment barré par un triangle dont le port militaire d'Aurigny est le sommet, et dont la base s'étend de Portsmouth à Plymouth, que les lignes d'opération ainsi appuyées sont parcourues en huit heures par des bateaux à vapeur, on pardonnera aux populations qui sont en vue de la guérite de lord Palmerston de ne la point regarder comme un simple objet de curiosité, et de réfléchir quelquefois aux divers usages auxquels elle est propre.

Tandis que l'Angleterre multiplie ainsi les points d'appui autour de Portsmouth, et nous enveloppe dans une circonvalation de forteresses maritimes, nous laissons Cherbourg isolé. Le seul point de la côte de Normandie où quelques vaisseaux de ligne trouveraient un mouillage imparfaitement défendu est la rade de La Hougue, placée sous l'influence fâcheuse des courans du raz de Barfleur et des vents du nord. De là jusqu'au cap Grisnez, qui sert de borne entre la Mer du Nord et la Manche, il n'est pas une crique où un vaisseau pût jeter l'ancre. Devant Boulogne et Ambleteuse, un accident sous-marin, — l'extrémité de la Bassure de Bars, — se prêterait à la création d'un abri plus grand que la rade de Cherbourg, et d'autant plus nécessaire que la côte en est plus dépourvue (1); mais les travaux gigantesques entrepris en vue de nos côtes, à Dangeness et à Douvres, ne nous ont encore fait faire aucun retour sur nous-mêmes. A l'ouest, la rade de Cancale abriterait, il est vrai, une demi-douzaine de vaisseaux; placée malheureusement en arrière de la ligne des opérations militaires, et bonne à servir de refuge dans un cas désespéré, elle est trop éloignée pour devenir une ressource d'attaque ou de défense. Il en est autrement de la rivière de Pontrieux et de l'atterrage de Bréhat, qui, situés sur la pointe la plus septentrionale de la Bretagne, font face à Plymouth (2); mais depuis que Vauban a signalé les avantages stratégiques de cette position, elle n'a frappé l'attention d'aucune personne assez accréditée pour en déterminer le perfectionnement.

Sans rechercher tout ce qui manque à notre établissement militaire sur la Manche, il importe de reconnaître du moins quelles annexes lui pourrait offrir son voisinage immédiat. Le port militaire

(1) Voyez, dans la *Revue des Deux Mondes* du 1er décembre 1844, *le Pas-de-Calais*.
(2) Voyez, dans la *Revue des Deux Mondes* du 15 septembre 1852, *la Baie de Saint-Brieuc*.

de Cherbourg est, comme sa digue, jeté au sein de la lutte des flots et des vents : la digue ne s'est consolidée que par l'allongement de ses talus ; la place maritime a besoin d'épaulemens qui la fortifient, d'accessoires qui la complètent. Ce serait d'ailleurs se faire une bien étroite idée des élémens de la puissance navale que de les supposer faits pour être rassemblés dans l'enceinte d'une ville. Les populations maritimes se forment et se développent ailleurs : les matelots, sans lesquels les bassins sont des déserts et les vaisseaux des masses inertes, se multiplient par la pêche, par la navigation marchande, par la culture des champs, qui remplit une partie de leur temps et fournit à la marine ses plus indispensables approvisionnemens. Nous sortirons donc aujourd'hui de la rade et du port militaire, et sans revenir à des parages déjà décrits, nous découvrirons, sur le front septentrional et dans l'intérieur de la presqu'île du Cotentin, des ressources à la valeur desquelles la proximité ajoute beaucoup ; puis nous rentrerons dans la ville et dans le port de commerce, essayant d'apprécier quelle réaction opérerait sur l'une et sur l'autre l'amélioration de la contrée adjacente, et quels secours y trouverait la marine militaire.

I.

Le navigateur qui sort de la rade de Cherbourg par la passe de l'est laisse au sud-est une échancrure dont l'Ile-Pelée et le Cap-Lévy marquent les extrémités : c'est l'anse de Bretteville. L'ouverture entre les deux pointes qui ferment cette anse est de 8 kilomètres, et la flèche de l'arc que décrit la côte en a 3. Le Cap-Lévy se prolonge vers le nord par un banc sous-marin formé de grosses roches dont la plus méridionale, celle de Biéroc, élève seule, à deux encâblures de terre, sa tête sinistre au-dessus des eaux. Le banc s'abaisse et se termine brusquement à 3 kilomètres de la côte ; les courans de marée se précipitent avec fureur sur la barrière qu'il leur oppose, bondissent sur son dos, et forment dans l'anse adjacente des remous qui la rendent à peu près impraticable, si ce n'est dans les courtes heures de la molle-eau. On estime que, pour peu qu'il vente frais, le raz du Cap-Lévy n'est pas moins dangereux que celui de Barfleur. Ce sont ces remous placés à l'entrée de Cherbourg qui causèrent, il y a quelques années, la perte de la frégate la *Thétis*.

Il est surprenant qu'aucune des personnes qui déplorent l'insuffisance d'étendue de la rade de Cherbourg n'ait remarqué combien il y serait convenablement suppléé par l'adjonction de l'anse de Bretteville. L'apaisement des eaux tumultueuses de l'anse serait le meilleur moyen de doubler la surface du mouillage, si les besoins de la flotte l'exigeaient. Le grand obstacle à cette transformation est la violence des courans qui traversent le raz, et le travail à exécuter pour la dompter est indiqué par la nature des choses : ce serait la fondation, sur le banc qui prolonge le Cap-Lévy, d'un môle insubmersible interceptant complètement le passage. Tout hérissé de grandes roches qui serviraient de points d'appui et de divisions à la construction, le banc sous-marin a environ 900 mètres de largeur, et sa profondeur, très variable, est de 8 à 12 mètres : on ne saurait souhaiter de base plus solide. La digue partant de la roche de Biéroc, et laissant entre elle et la côte un passage de 400 mètres, serait poussée à 2,600 mètres au large; elle ne pourrait pas, comme sa voisine, se former d'une agglomération de pierres perdues : la violence des courans ne permettrait pas à ces pierres de se fixer. Heureusement l'art de l'ingénieur a fait depuis trente ans des progrès dont ce serait ici le cas de se prévaloir : M. Poirel a imaginé les blocs rectangulaires de béton à l'aide desquels on construit le môle d'Alger et le port de la Joliette de Marseille. Un autre ingénieur, dont il m'est à peine permis de rappeler les services, a montré dans les travaux du pont de Saint-Maur, près Paris, quels obstacles on peut vaincre par l'emploi du béton enveloppé dans des toiles. Il est hors de doute que des massifs de béton immergés frais dans des sacs ou de larges boyaux de toile, se moulant ainsi sur les aspérités du fond et ne laissant point entre eux de vides, constitueraient rapidement une jetée indestructible et résisteraient, par la ténacité de l'assiette et la flexibilité des formes, aux fureurs des courans du raz. Les difficultés de la construction ne sauraient être un objet d'inquiétude; seulement il faudrait, avant de l'entreprendre, en mesurer toutes les conséquences. Parmi les nombreux travaux hydrographiques exécutés sur l'atterrage de Cherbourg, il n'en est, que je sache, aucun dont l'objet spécial ait été le calcul des effets que produirait sur l'anse de Bretteville, et sur la rade de Cherbourg elle-même, l'interruption des courans de marée sur l'espace compris entre la roche de Biéroc et la tête septentrionale du raz : on ne peut donc se permettre à ce sujet que quelques conjectures plausibles. La chute des courans serait rejetée par le môle qui remplirait cet espace à 6 kilomètres au nord du parallèle de la grande digue, et à la hauteur de la face septentrionale de la presqu'île de La Hague. La profondeur de l'échancrure dans laquelle gît Cherbourg serait ainsi notablement accrue, et le tumulte normal de l'anse de Bretteville cesserait. Il ne serait pas impossible qu'un si grand changement dans les allures de la côte suffit pour annexer à la rade couverte un mouillage extérieur d'une bien plus grande étendue, et peut-être ce mouillage se prolongerait-il jusque sur le revers septentrional de la grande digue. Nous aurions en ce cas peu de chose à envier aux meilleures stations de la côte d'Angleterre. L'anse de Bretteville a, il est vrai, le désavantage d'être ouverte au nord-ouest; mais le fond, composé de sable et de coquilles brisées, est d'une grande ténacité, et si des nécessités ultérieures se faisaient sentir, on pourrait, en la couvrant soit par une digue isolée, soit par des môles enracinés à l'Ile-Pelée et à la roche appelée la Basse-du-Cap, la convertir en une rade couverte plus grande que la voisine. Que l'établissement d'une digue insubmersible sur le prolongement sous-marin du Cap-Lévy apportât dans le régime hydrographique de l'atterrage entier de Cherbourg des modifications très considérables, c'est ce qui ne saurait être mis en doute; mais en apercevant dans des circonstances naturelles bien connues les bases d'un large agrandissement de la rade, il serait d'une impardonnable témérité de prétendre deviner aujourd'hui les nouvelles directions que prendraient les courans, ou la manière dont elles affecteraient le fond et la côte de l'anse et de la rade elle-même. Des projets de cette portée ne se fondent que sur de longues séries d'observations, et pour éclaircir les questions qu'ils soulèvent, ce ne serait pas trop du concours des plus habiles entre nos hydrographes et nos ingénieurs. Le temps et l'appel à l'intelligence de tout le monde sont en pareil cas des auxiliaires indispensables, et l'exécution des grandes entreprises n'est sûre et rapide que lorsque les bases n'en sont plus un sujet de délibération.

Du revers oriental du Cap-Lévy à la pointe de Barfleur sont disséminés jusqu'à deux milles au nord de la côte de nombreux écueils : jusqu'à nos jours, la connaissance en était réputée à peu près superflue, et l'on se contentait dans les instructions nautiques de recommander aux navigateurs de passer au large de cette zone réprouvée. Le conseil sera toujours bon à suivre en temps de paix : les choses faciles sont en marine les seules bonnes; mais, si c'est chose de peu d'importance qu'un vaste espace interdit à la navigation sur des côtes reculées, rien n'est indifférent aux portes de Cherbourg : les moindres abris, les moindres obstacles empruntent à ce voisinage un caractère stratégique. M. Beautems-Beaupré et ses collaborateurs sont entrés en 1832 et en 1833 dans le labyrinthe, ils en ont sondé les replis et y ont jalonné des chenaux où chemineraient en sûreté de grands bâtimens conduits par de bons pilotes. La connaissance de ces passages aura son prix en temps de guerre. Il est sensible que la construction d'une digue sur le raz du Cap-Lévy produirait sur son revers oriental, quoique sur une moindre

4

échelle, des effets analogues à ceux qui se manifesteraient dans l'anse ouverte à l'ouest : elle amortirait les courans, briserait les coups de mer du large, et donnerait une véritable valeur nautique à l'anse de la Mondrée, qui gît derrière le cap, à 13 kilomètres au nord-est de Cherbourg. Cette anse a 2,000 mètres d'ouverture du Biéroc à la Blanche-Roche et 1,200 de profondeur : toujours accessible en molle-eau, l'ancrage sur fond de vase y est excellent; mais, quoique abritée de trois côtés, elle est trop violemment battue par les vents du nord pour qu'il soit possible en l'état d'y rien fonder. L'établissement de la digue du raz faciliterait singulièrement l'amélioration de la Mondrée, et y déterminerait infailliblement la création d'un des bons ports de pêche du Cotentin. Les marins de Fermanville, dont cette digue protégerait le territoire, comptent parmi les plus intrépides de la Manche. Les écueils dont est parsemée la mer entre le Cap-Lévy et la pointe de Barfleur se couvrent de varechs dont les longues chevelures verdâtres, arrachées à bras d'hommes ou par les tempêtes, livrent à l'industrie la soude qu'elles recèlent et à l'agriculture d'énormes masses d'engrais. Sur 340,000 mètres cubes de varechs que donnent annuellement les côtes du département de la Manche, la commune de Cosqueville en recueille à elle seule 200,000 dans le voisinage de l'anse de la Mondrée. Ces pâturages sous-marins sont habités par des myriades d'êtres vivans, et la pêche y trouve aussi bien que la culture un champ d'exploitation très susceptible d'être fécondé : les sciences naturelles auraient aussi d'amples moissons à en retirer, et ce vaste laboratoire d'expériences sur la botanique et la zoologie de la mer ne sera sans doute pas toujours vainement ouvert aux portes d'un chef-lieu d'arrondissement maritime.

En doublant la pointe de Barfleur, nous trouverions le port, déchu de son ancien éclat, qui lui donne son nom, et le champ de bataille de La Hougue : nous les connaissons déjà (1). Revenons à la rade de Cherbourg, et dirigeons-nous vers l'ouest. Après le fort de Querqueville, la côte court, sans présenter de rentrans sensibles, jusqu'à l'embouchure du ruisseau de la Sabine. A ce point, elle forme un coude très prononcé vers le nord; les échancrures s'y multiplient, elle s'enveloppe dans une ceinture d'écueils, et dès qu'elle se replie un peu plus loin vers l'ouest, les allures des marées annoncent le voisinage du redoutable Raz-Blanchard (2). Au doubler du cap de La Hague, l'île d'Aurigny se montre à huit milles au large; les falaises gigantesques de Jobourg se dressent au

---

(1) Voyez, dans la *Revue des Deux Mondes* du 15 avril 1854, *la Baie de la Seine*.
(2) Voyez, dans la *Revue des Deux Mondes* du 1er juillet 1851, *les Côtes de la Manche*.

sud, et les courans de flot et de jusant se précipitent avec fureur quatre fois par jour dans l'étroit intervalle qui sépare l'île anglaise de la côte de France. Le Raz-Blanchard est incontestablement le passage le plus dangereux de nos côtes. Les courans de marées y sont d'une violence inouie; en heurtant les brusques relèvemens du fond, ils éprouvent les remous les plus bizarres. Leur direction varie à chaque instant de l'ascension ou de l'abaissement de la mer, et les mêmes vents qui les poussaient tout à l'heure les prennent maintenant à rebours. Il faut souvent renoncer à gouverner sur cette mer trompeuse, et toujours se garder d'entreprendre une lutte fatale contre ses fureurs. Le seul moyen de la vaincre est de saisir les momens voisins de la molle-eau où elle est paisible. Du Nez de Jobourg, dont les grottes et les précipices ont été si souvent décrits, la côte se retire vers l'est pour former la longue anse de Vauville. La presqu'île de La Hague, dont nous venons de côtoyer le contour, est à celle du Cotentin ce qu'est celle-ci à la Basse-Normandie : elle s'avance à 10 kilomètres au nord-ouest de Beaumont; la largeur moyenne de cette presqu'île est de 7 kilomètres, et l'arête qui en sépare les deux versans est élevée de 150 à 180 mètres au-dessus du niveau de la mer. Elle est par son versant oriental en vue du fort central de la digue de Cherbourg, et de son versant occidental elle regarde les îles anglaises et la sirte qui s'enfonce entre la Normandie et la Bretagne. Peu de bâtimens font voile d'un bout à l'autre de la Manche sans venir la reconnaître. La presqu'île de La Hague forme le saillant de la côte de Normandie, et ressemble à un poste avancé placé dans le voisinage de Cherbourg pour surveiller tout ce qui se passe dans les mers adjacentes. Les travaux qu'exécute l'Angleterre depuis plusieurs années, surtout à Aurigny, ne peuvent manquer de rendre à ce point trop oublié de notre territoire son ancienne importance militaire.

Aux préparatifs de guerre qu'entassent dans l'île d'Aurigny nos alliés, au système de surveillance et de signaux qu'ils y organisent, nous n'avons qu'une réponse à faire : c'est que la presqu'île de La Hague est interposée entre Aurigny et Cherbourg, et que nous pouvons nous y créer dans le sol et sur la mer des ressources dont ils seront les premiers à profiter pendant la paix, et à souffrir pendant la guerre. Pour atteindre ce but, il reste de grands travaux à s'imposer; mais si l'entreprise importe à la nation, si elle doit fortifier une population qui serait en temps de guerre la première à rendre ses coups à l'ennemi, qui pourrait dissuader de l'aborder?

Pour commencer par les intérêts maritimes, les dangers intermittens du passage du Raz-Blanchard donnent un prix particulier aux abris dans lesquels les bâtimens peuvent attendre les momens favorables pour s'y engager. L'anse de Vauville offre cet avantage sur la côte occidentale de la presqu'île : sur le revers opposé sont deux refuges mieux situés encore, et qui se prêtent beaucoup mieux aux améliorations. Le premier, en venant de Cherbourg, est le Hable d'Omonville : il gît à un mille au sud-est de la roche de la Coque et de la pointe de Jardeheu, au large desquelles les navires commencent à se sentir entraînés par l'appel du raz; il consiste en une échancrure de 400 mètres de profondeur ouverte dans le granit de la côte. Le Hable est défendu du nord par une chaîne de rochers dont l'extrémité se recourbe à l'intérieur, et l'entrée, tournée vers l'est, est réduite à une encâblure par des pointes de roche qui se montrent au sud. Un vaisseau de ligne, des frégates peuvent flotter à mer basse dans cet abri. La sûreté n'en est malheureusement parfaite que dans les marées de morte-eau; dans les autres, le banc du nord est submergé, et les lames qui s'y heurtent retombent dans le bassin. Il est présumable, au tracé d'une voie romaine qui se dirigeait d'Omonville vers Port-Bail, que les anciens avaient fondé des établissemens sur ces deux points de la côte. Vauban déplorait en 1694 que le Hable ne fût ni défendu par une batterie, ni complété pour la navigation. Le premier de ces vœux a seul été exaucé, et les ingénieurs hydrographes de la marine, préoccupés de la nécessité de neutraliser les périls du passage du raz, n'ont négligé aucune occasion de reproduire le second. L'amélioration réclamée se réduirait à établir sur la chaîne de roches du nord une levée insubmersible, travail facile, puisqu'il se ferait presque à sec, et que les matériaux en sont sur place. Tout défectueux qu'il est, le Hable d'Omonville rend quelques services comme refuge; mais il ne donne place à aucune opération de commerce, et son matériel naval se réduit à une quinzaine de petits bateaux de pêche. Comment en serait-il autrement? Les mouvemens de marchandises y seraient impossibles, et il ne communiquait, il y a quelques mois, avec l'intérieur que par des sentiers impraticables aux voitures. Un meilleur avenir semble se préparer : la bordure de galets blanchâtres qui du large donne au pourtour de cet abri l'apparence d'un quai se rattache déjà au chef-lieu du canton par une chaussée dont l'empierrement demeure vierge dans la partie qui en serait la plus fréquentée, si elle aboutissait au plus modeste embarcadère. Bientôt une voie plus courte et plus directe se dirigera sur Cherbourg, et il faut espérer, dans l'intérêt de la défense du territoire aussi bien que dans celui de l'agriculture, que cette route sera prolongée jusqu'à l'anse de Saint-Martin et à l'échouage de Goury. Les effets combinés de ces communications et des travaux hydrauliques réclamés par Vauban transformeraient le refuge imparfait d'Omonville en un petit port très animé.

En marchant d'Omonville vers l'ouest, on arrive bientôt, à travers un pays accidenté, à l'anse de Saint-Martin, qui, découpée dans de hautes terres, est le meilleur abri naturel qu'offre la côte de Normandie. Le rivage décrit les cinq huitièmes d'un cercle; l'entrée, ouverte sur la face septentrionale du cap de La Hague, a, des roches de Martiauroc à celles des Herbeuses, 1,800 mètres; l'eau est profonde, et si la houle y est souvent forte par les vents du nord-est au nord-ouest, le calme y règne par tous les autres. Pour devenir une rade parfaite, il ne manque à l'anse Saint-Martin que d'être mise à couvert du nord. François I*er*, qui comprit la puissance de la navigation aussi bien que celle des lettres, reconnut l'avantage de cet abri; il fit protéger dès 1520 l'anse Saint-Martin par une batterie dont on a depuis peu changé la disposition, mais non l'emplacement, et l'on s'explique mal comment, après avoir fixé l'attention de ce prince, cette anse échappait en 1640 aux recherches des commissaires du cardinal de Richelieu. En 1664, Colbert de Terron, l'intendant de la marine, rendant compte au grand Colbert de l'état des côtes de la Manche, estimait qu'avec 3 ou 400,000 livres on convertirait l'anse en une *fosse fermée* capable de recevoir des vaisseaux de ligne et vingt-cinq frégates. Trente ans plus tard, Vauban signalait le parti qu'on pouvait en tirer; mais, tout entier à ses projets sur Cherbourg, il se gardait d'en compliquer les chances d'exécution en détournant par des propositions intempestives les ressources qu'il entendait y appliquer. Enfin en 1832 et en 1845, les hydrographes de la marine ont donné des cartes et une description détaillée de l'anse de Saint-Martin.

La citadelle maritime que les Anglais élèvent à Aurigny a rappelé l'attention sur cet atterrage, autour duquel on ne voit d'habitations que celle du garde de la batterie et quelques huttes de pêcheurs, et qui n'a d'utilité que pour les bâtimens qui étalent la marée en attendant le moment d'entrer dans le Raz-Blanchard. L'anse a peu de valeur comme elle est, elle en a beaucoup par ce qu'elle peut être. La nature y a tout ébauché, rien n'est complet. Des brisans, que signale au loin le bondissement des lames, ressemblent à des fondations de digues à venir : on dirait des constructions commencées, qui, tant qu'elles sont à fleur d'eau, ne forment que des écueils. Tels sont, à l'est, le banc auquel les grandes roches de Martiauroc et de la Parmentière servent de musoirs, et à l'ouest la Basse du Fliart, orientée est-nord-est. Ces bancs sont trop bas pour constituer une bonne défense: les lames amoncelées par les vents du nord les franchissent, et, retombant lourdement en arrière, se propagent par larges ondulations dans tout le mouillage; mais ils sont disposés de la manière la plus favorable à l'assiette d'un excellent abri, et s'ils étaient surmontés de digues insubmersibles, le mouillage ne laisserait rien à désirer. Les fondations, qui sont d'ordinaire la partie la plus dispendieuse des travaux à la mer, ne seraient pas moins faciles à l'anse de Saint-Martin qu'à Omonville; le luxe de pierres de taille de Cherbourg y serait déplacé : la rusticité des constructions n'en exclut pas la solidité, et elle serait ici en harmonie avec la sauvage beauté des sites. Il faudrait s'y contenter des blocs bruts du granit qu'offrent la côte et les écueils du voisinage. Dans ces conditions, la dépense des brise-lames sera peu de chose en comparaison de l'utilité produite; la valeur des bâtimens sauvés couvrira promptement celle des travaux exécutés dans des lieux si tourmentés par les tempêtes, et si exposés, en cas de guerre, aux entreprises ennemies. Le brise-lames de l'est aurait 900 mètres de long, celui de l'ouest 600; appuyés l'un et l'autre sur des roches séparées du rivage, ils laisseraient sur les côtés deux passes praticables aux bâtimens de flottille et aux bateaux de pêche. La passe du milieu aurait 750 mètres de large, dont 200 à l'est, occupés par des basses, et elle s'ouvrirait sur un beau chenal bordé d'écueils sous-marins, ce qui n'est point un désavantage en temps de guerre. L'espace couvert serait en somme de 240 hectares, dont un tiers propre au mouillage des vaisseaux et des frégates, un tiers propre à celui des bâtimens de commerce, et un tiers à celui des bateaux de pêche. Le premier projet de Vauban sur Cherbourg n'en aurait pas compris davantage.

Lutter à La Hague avec le luxe de fortifications d'Aurigny, ou compliquer le système de défense par l'adjonction d'accessoires faits pour tenter l'ennemi et lui profiter en cas de malheur, serait se donner un embarras gratuit. Ouverts en vue de la rade de Cherbourg, le Hable d'Omonville et l'anse Saint-Martin en sont des prolongemens, rien de moins, mais rien de plus. L'arsenal de Cherbourg est le dépôt naturel de toutes les ressources dont la défense de la côte peut exiger l'emploi. L'anse Saint-Martin et le Hable d'Omonville sont d'ailleurs dominés de tous les côtés, et ils ne sauraient être possedés que par celui qui commande à terre.

En dehors du Hable d'Omonville et de l'anse Saint-Martin, les roches de La Hague laissent entre elles quelques interstices, où l'on tire à terre des bateaux de pêche. Le principal de ces échouages est celui de Goury, dont les observations de M. Daussy sur les marées de la Manche ont fait connaître au loin le nom : il gît sur le Raz-Blanchard, directement en face d'Aurigny. Les pêcheurs de La Hague bravent sur des bateaux montés par deux hommes et un mousse la mer impérieuse qui les environne, et leur familiarité avec les brusques allures du raz les préserve des naufrages. Tous les marins appelés à fréquenter ces parages, faits pour être en temps de guerre le théâtre de tant de surprises, devraient s'approprier leur expérience.

M. Beautems-Beaupré de nos jours, Vauban et Colbert de Terron au xviie siècle, François Ier au xvie, n'ont pas été les premiers à s'apercevoir des avantages attachés à la possession de la presqu'île de La Hague : l'instinct militaire des barbares qui désolaient l'Europe au moyen âge les avait découverts avant eux. Les anciens Normands ont laissé sur cette langue de terre d'irrécusables traces de leur séjour ; ils en avaient fait leur principale place d'armes, et la durée des travaux de défense qu'ils y ont élevés témoigne de la solidité de leur occupation. La presqu'île ressemble, par son élévation et son allongement vers le nord-ouest, à un môle jeté en travers de la Manche. Dans un temps où les mers qui la baignent étaient presque désertes, elle paraissait s'avancer à la rencontre des premiers navigateurs normands, et ses anses, ses échouages invitaient leurs pirogues à s'y arrêter. Ils y descendirent donc, la nommèrent *La Hague* (1), c'est-à-dire le lieu d'abordage, le havre par excellence, et ne tardèrent pas à reconnaître que l'atterrage qui était le mieux à leur portée par mer était aussi le plus facile à défendre du côté de la terre : la mer dont ils étaient les maîtres l'enveloppait sur les quatre cinquièmes de son périmètre, et il ne fallait, pour le rendre inabordable aux ennemis venant de l'intérieur, qu'une ligne de défense dont ils avaient pu prendre le modèle dans la fameuse muraille des Pictes, ou mieux encore dans le *Dannewirke* (2) du Slesvig. Telle fut indubitablement l'origine du *Hague-Dyck* (3), dont le nom scandinave révèle assez les fondateurs.

La presqu'île est de beaucoup la partie la plus élevée du Cotentin. Beaumont, le chef-lieu du canton auquel elle appartient, est posé à 163 mètres au-dessus du niveau de la mer, sur l'arête des deux versans ; le moulin de Jobourg, qu'on trouve un peu plus loin, est à 180 mètres, et comme la plus longue des vallées rocailleuses qui sillonnent le terrain n'a pas 5 kilomètres de développement, le possesseur du plateau a un avantage marqué sur un assaillant obligé de remonter de tous côtés des rampes rapides. Tous les atterrages de la presqu'île, Omonville, l'anse de Saint-Martin, les

---

(1) *Hagen*, altération du danois. Le nom de ville que nous prononçons *Copenhague* a la même étymologie.

(2) *Ouvrage-Danois*. Rempart qu'on suppose élevé vers le ixe siècle, et qui, séparant le Danemark proprement dit du Holstein, ferme l'espace compris entre le fond du golfe étroit de Slesvig et la Mer du Nord. Onze mille Danois l'ont bravement défendu le 23 avril 1848 contre vingt-huit mille Allemands.

(3) La *digue* ou la levée de La Hague.

échouages de Goury, d'Escalgrain, tout ce qui dans ces lieux offre quelque avantage maritime est mis à couvert par le Hague-Dyck. Cette construction ferme exactement de l'est à l'ouest la presqu'île : elle consiste en une ligne de terrassemens élevée avec un soin qui se manifeste sur de longs tronçons, mais, il faut l'avouer, fort altérée sur d'autres par l'action de la charrue, des eaux du ciel, de la végétation, et surtout du temps. Pour la prendre à son point culminant, il faut aller au nord du château de Beaumont, à 1,500 mètres du bourg : on s'y trouve près de la source du ruisseau de la Sabine, dont la vallée, s'approfondissant bientôt, débouche à 2 kilomètres au sud-est d'Omonville, et de celle du torrent d'Herqueville, qui se précipite vers la côte opposée. Le Hague-Dyck a du côté de l'est 3,900 mètres de développement, et du côté de l'ouest 2,800; il se maintient sur toute sa longueur, sauf dans la traversée du plateau, à mi-côte des pentes septentrionales des vallées dans lesquelles il est tracé : il voyait ainsi venir l'ennemi qui descendait le versant opposé; le creux des ruisseaux lui servait de fossé, et le pied de l'escarpe n'était accessible que par un talus fort raide. L'art ajoutait aux difficultés naturelles du terrain tous les obstacles que comportait une époque si antérieure à l'invention des armes à feu.

L'étendue couverte par les 6,700 mètres de développement du Hague-Dyck est, d'après le cadastre, de 5,043 hectares, et, indépendamment des établissemens dont les vestiges ont disparu, elle comprenait deux réduits, l'un à l'est, sur les hauteurs d'Omonville, l'autre à l'ouest, sur la cime des falaises de Jobourg. Le second est désigné sur la carte de l'état-major sous la dénomination de *camp romain,* et, s'il la mérite, il est peu probable que les Romains en aient été les derniers occupans. Ces deux postes sont précisément les mieux choisis de la presqu'île pour surveiller l'horizon, et cet avantage n'a pas pu échapper à des pirates. Retranchés dans cette enceinte formidable, les Normands y bravaient en sécurité leurs victimes. Gisant à dix-sept lieues marines au nord, l'Angleterre offrait, de la pointe de Dangeness au Cap-Lézard, 500 kilomètres de côtes à leurs déprédations; à l'est, ils se rabattaient sur la baie de Seine; à l'ouest, sur les îles de la Manche et sur la Bretagne tout entière. De ce repaire, ils tombaient à l'improviste sur les populations riveraines du canal, puis disparaissaient dans le lointain des mers, comme l'aigle qui se perd dans la brume en emportant sa proie dans l'aire que lui seul connaît.

A l'aspect des fronts et des profils du Hague-Dyck, il est aussi impossible d'en méconnaître la destination que de se méprendre sur la direction d'une épée quand on en voit la garde. Les doutes ne sont guère plus permis sur la nationalité des fondateurs de ces fortifications. Si leurs œuvres ne disaient pas assez quels ils étaient, si les traces empreintes sur le terrain n'étaient point assez significatives, on en trouverait le complément dans l'origine scandinave des noms d'une quantité de lieux environnans. Ce qui frappe d'abord un peuple navigateur, ce sont les points saillans qui servent d'amers aux atterrages vers lesquels il tend, et les noms de Jardeheu, de Laitheu, de Tranchdheu (1) n'ont pu être donnés que par des Scandinaves aux hauteurs voisines d'Omonville. La plupart des roches et des écueils des environs de La Hague portent des dénominations qui découlent de la même source. En explorant d'autres côtes, on les trouve jalonnées de noms imposés par les mêmes dévastateurs, et, en se laissant guider par ce fil au milieu des ténèbres de l'histoire du moyen âge, on arriverait sans doute à d'importantes découvertes. Cette recherche a de quoi tenter des esprits curieux, et le meilleur point de départ serait peut-être la place d'armes de La Hague.

II.

Une tendance semble aujourd'hui prévaloir dans l'administration de la marine : c'est d'avoir plus de bâtimens de guerre que l'état du personnel naval ne permettrait d'en armer et de garnir les bassins de nos ports de carènes destinés à devenir la proie du temps et des vers de mer. Sans chercher à percer les mystères de la politique ni les obscurités de l'avenir, la prévoyance la plus vulgaire recommande toutes les mesures qui peuvent concourir à mettre le personnel disponible en équilibre avec le matériel de la flotte, et quand la pêche n'aurait pas d'autre avantage que d'être la meilleure des pépinières de gens de mer, aucun des plus humbles moyens de la développer ne devrait être négligé.

L'anse de la Mondrée et l'anse de Saint-Martin sont les points de la côte septentrionale du Cotentin les mieux placés pour la pêche; mais la pêche n'est très suivie que lorsque l'exploitation en est fructueuse, et le produit en est médiocre autour de la presqu'île. Les étalages d'huîtres de Saint-Waast, qui donnent lieu à un cabotage très actif, sont presque exclusivement alimentés par les pêcheries de Cancale, de Granville, de Regnéville, et ne font qu'une exception apparente à la pauvreté de la côte. Barfleur est le seul point où la pêche soit pratiquée sur une certaine échelle. On se plaint que le poisson ait déserté le voisinage de Cherbourg, et

---

(1) De *Hoe*, hauteur.

que les huîtres aient cessé de se renouveler dans celui de La Hague. Quelles sont les causes de ces vicissitudes, et comment y remédier? Comment multiplier les espèces acquises et rappeler celles qui disparaissent? Avec les procédés et les instrumens dont disposent aujourd'hui les sciences naturelles, nous ne devons plus désespérer de l'apprendre. Il est déjà démontré par des expériences suffisamment nombreuses que les eaux s'ensemencent comme les terres; mais la nature prodigue les germes, et le difficile est de les faire arriver à maturité. Nous avons des hommes capables de remplir ces lacunes de la science; mais les instrumens et l'organisation leur manquent. On est plus heureux en Angleterre. Le grand *aquarium* de la Société géologique de Londres est un champ d'études où s'accomplissent sous l'œil du naturaliste des opérations dont les profondeurs de la mer nous dérobaient jusqu'ici le mystère. Dans les transformations qu'y subissent les substances que s'empruntent, s'assimilent et se restituent par les organes des animaux les trois règnes de la nature, on voit les problèmes du développement des êtres se résoudre en équations non moins précises que celles qui ressortent des orbites des planètes. Les testacés et les crustacés se revêtent de leur écaille aux dépens de matières minérales dont la soustraction arrête leur croissance; une part des habitans de la mer se nourrit de végétaux et sert de pâture à des espèces carnassières; il en est enfin qui vivent, pour que rien ne soit perdu, des déjections des autres, et les débris de tous sont absorbés comme engrais par la végétation. Cette rotation entre les trois règnes de la nature produit un équilibre dont les lois nous sont encore mal connues; mais attendre l'intelligence complète de ces lois pour mettre à profit ce qu'on en sait, ce serait laisser ses terres incultes, sous prétexte que l'art de les rendre fécondes n'est point assez avancé. Nous en savons assez sur les principes généraux pour déterminer sur quels terrains prospèrent les divers testacés, quels végétaux attirent les espèces herbivores, quels herbivores alimentent le mieux les carnassiers : il n'en faut pas davantage pour ouvrir une voie fructueuse aux études et aux applications.

S'il est sur nos côtes un lieu bien situé pour la recherche des conditions d'aménagement de la richesse ichthyologique des eaux marines, c'est Cherbourg. La rade offre une vaste nappe d'eau tranquille; au dehors se promènent des courans rapides : à l'est sont compris, entre le Cap-Lévy et la pointe de Barfleur, ces hauts-fonds tapissés de varechs qu'Horace aurait volontiers appelés les pâturages des troupeaux de Protée; à l'ouest, l'immense fossé sous-marin qui, sous le nom de *Fosse de La Hague*, enveloppe le cap à peu de distance de la terre, explique peut-être, par la retraite profonde qu'il offre aux poissons, l'abondance qui règne dans les eaux vives du Raz-Blanchard. Le succès des semis d'huîtres faits par M. Coste dans la baie de Saint-Brieuc est un appel au repeuplement de ces bancs adjacens au rivage occidental de La Hague, auxquels le nom de l'*Huîtrière,* qu'ils conservent, semble reprocher leur pénurie actuelle, et de ceux dont M. de Bavre constatait en 1783 la richesse presque sur la ligne que traçait M. de Cessart pour le placement de ses cônes. Les roches dentelées dont est bordée la presqu'île du Cotentin semblent donc faites pour servir de demeure à d'innombrables familles de crustacés. Le homard abonde au nord et à l'ouest de la presqu'île de La Hague, et l'on ne sait ce qui, devant Omonville, détermine une nombreuse immigration de crabes, qui, grossis dans les profondeurs de la mer, remontent chaque printemps vers la côte et viennent s'offrir aux piéges des pêcheurs.

Ainsi la variété des conditions dans lesquelles se fait la pêche, la richesse et la pauvreté respective de parages adjacens, la récompense qu'assurent à toute observation juste, à tout procédé efficace, les débouchés d'un marché local et d'un chemin de fer, sont réunies à l'entour de Cherbourg. On parle pour Paris d'un *aquarium* rival de celui de Londres, et de la munificence avec laquelle une compagnie de chemin de fer s'offre à transporter à prix réduit la tonne d'eau de mer nécessaire pour l'alimenter journellement. Que Paris ait son *aquarium,* rien de mieux; mais qu'il le garnisse d'eau de la Seine, et se contente de tenir école de repeuplement des eaux douces. La restauration n'a pas réussi à le faire port de commerce; ne perdons pas notre temps à prétendre le faire port de pêche. Il en coûterait plus pour le transport pendant un an de l'eau de mer nécessaire à l'*aquarium* de Paris que pour la création d'un *aquarium* à Cherbourg, et ce fait prosaïque montre combien peu de fondement et d'autorité auraient des observations sur le poisson de mer faites à cinquante lieues de la côte. Le mérite personnel des observateurs ne remplace pas les inspirations qui naissent de la grandeur du spectacle des faits naturels qu'il s'agit de pénétrer, et dans l'éloignement il exerce peu d'influence sur les hommes qu'il s'agit de convaincre. Sur le bord de la mer au contraire, chaque découverte faite dans le laboratoire réagit immédiatement sur un plus vaste théâtre, et toute semence jetée tombe sur un terrain préparé pour la recevoir. L'*aquarium* n'est plus un objet d'oiseuse curiosité; ce sont les pêcheurs eux-mêmes qui l'entourent dans leurs jours de loisir; race observatrice et curieuse, obligée d'étudier les mœurs de sa proie pour l'atteindre, ils fournissent au naturaliste des sujets à méditer, et profitent de tous ses conseils. L'insuffisance de nos règlemens sur la pêche côtière est connue; qu'on les observe ou non, l'effet est à peu près le même sur l'aménagement de la richesse ichthyologique; aussi n'inspirent-ils pas à ceux qui doivent les faire exécuter plus de respect qu'à ceux qui doivent s'y soumettre. C'est le sort de toute législation faite sans une intelligence suffisante des matières qu'elle régit. La réforme qu'il importe d'introduire dans notre régime n'atteindra son but qu'autant qu'elle sera fondée sur le concours de la science du naturaliste et de l'expérience du pêcheur. Cherbourg semble un lieu privilégié pour ces sortes d'études: l'observateur y est en contact avec les circonstances naturelles les plus favorables, et le personnel attaché au port dans ses ingénieurs, ses officiers et son organisation médicale, la ville elle-même dans sa société académique, offrent une réunion d'hommes préparés à résoudre des questions d'histoire naturelle et d'administration d'un intérêt vital pour le pays. C'est donc à Cherbourg plutôt qu'à Paris qu'il faut établir l'*aquarium* des espèces marines. Cet *aquarium* y sera complété par le voisinage du bassin de retenue, laboratoire de plus de trois hectares de superficie où l'eau de la mer demeure, se renouvelle, s'élève ou s'abaisse à volonté, et où peuvent se répéter en grand toutes les expériences scientifiques. Ce bassin peut même devenir un parc pour l'éducation des crustacés: il n'existe aucune raison plausible de douter que ces animaux ne soient susceptibles d'être élevés comme le sont les huîtres à Ostende et dans plusieurs bras de la Tamise en aval de Londres. Quant aux huîtres, la multiplication artificielle n'en est plus une difficulté, et il serait d'autant plus à propos de s'y livrer à l'entour de Cherbourg, que la ramification et l'allongement des chemins de fer ouvrent à cette denrée un débouché presque illimité. La production n'est plus en équilibre avec la consommation. Le millier d'huîtres valait il y a trente ans sur les pêcheries de trois à quatre francs; il y en coûte aujourd'hui quatorze, et un aliment salubre, qui devrait être à la portée des plus humbles fortunes, devient le partage exclusif des grandes. Les sciences naturelles ont donc ici un vaste champ à ouvrir aux industries maritimes, et leurs succès ne peuvent être assurés que dans les ports. On invoque de tous côtés la décentralisation. Commençons, si nous voulons arriver à la décentralisation administrative, par la décentralisation intellectuelle; élevons dans les villes de province où les appelle la nature des choses des foyers lumineux qui s'alimentent eux-mêmes; donnons à leurs habitans de nouvelles raisons de se trouver bien chez eux. Que ces germes se développent, et l'équilibre qu'ils établiront entre les diverses parties du territoire affaiblira les prééminences abusives qui ont fait descendre tant de désordres sur notre pays.

III.

L'abondance qui naît de la prospérité de la culture n'importe pas moins que l'activité de la pêche au développement de la navigation, et le territoire sur lequel s'étend le rayon d'approvisionnement du port de Cherbourg est, sous ce rapport, dans des conditions spéciales : il doit pourvoir aux besoins d'un grand établissement militaire, garnir de vivres les flancs de navires de guerre et de commerce destinés à des traversées lointaines et alimenter une exportation pour l'Angleterre qui va croissant de jour en jour. L'intérêt agricole et l'intérêt maritime se confondent ici, et négliger le premier serait oublier le second. Il y a plus ; c'est aux populations voisines, partagées entre les travaux des champs et ceux de la mer, qu'il appartient de fournir à Cherbourg des matelots et des défenseurs. Le mouvement de ces populations ne saurait donc être observé avec indifférence.

Le pays de La Hague, aujourd'hui le canton de Beaumont, dont l'ancienne place d'armes normande que nous visitions tout à l'heure forme le tiers, touche aux portes de Cherbourg. Du recensement de 1826 à celui de 1856, la population en est descendue de 12,399 habitans à 9,688. Dans ces trente années, la France entière passait de 31,845,428 âmes à 36,039,364. Ainsi le canton, s'il avait pris sa part du progrès général, compterait aujourd'hui 14,000 âmes, et si la France avait rétrogradé comme le canton, elle n'en aurait plus que 24,870,000. Cette décadence vient de loin, et La Hague n'est pas le seul point du département de la Manche où elle se manifeste. Les causes de ce phénomène méritent surtout d'être étudiées sur un territoire interposé entre Cherbourg et Aurigny, et où notre établissement maritime de la Manche a besoin de s'assurer de solides points d'appui.

L'agriculture et la pêche sont les seules industries du canton de Beaumont, et il semble que l'élargissement de débouché produit par les travaux de Cherbourg aurait dû les faire prospérer. Une autre cause a prévalu : les salaires élevés, le prestige des grossiers plaisirs de la ville l'ont emporté sur la perspective de l'amélioration promise à la vie des champs. Depuis quelques années, les grandes dépenses que le gouvernement anglais fait à Aurigny exercent sur le pays de La Hague une attraction semblable à celle de l'arsenal de Cherbourg : sollicitée par ces deux forces, la partie virile de la population se laisse entraîner. On ne fait pas de paysans, et ceux qui désertent leurs chaumières reviennent rarement s'y fixer.

L'équilibre s'est ainsi rompu entre les élémens naturels de la formation des familles, et l'émigration des filles pour la domesticité est devenue la conséquence de celle des garçons. Le progrès de vices répugnans d'un côté, un peu plus de délicatesse de mœurs de l'autre, ont mis entre les sexes une autre cause d'éloignement. Les hommes se plongent dans l'ivrognerie la plus abjecte; le cidre, le vin ne les satisfont plus, c'est de l'eau-de-vie qu'il leur faut (1), et tandis qu'ils se dégradent dans cette sentine, les jeunes filles acquièrent un peu d'instruction, et épurent leurs sentimens dans la fréquentation des écoles de sœurs : la perspective de l'union avec un brutal qui ne saura que les ruiner et les battre leur devient insupportable. L'ivrognerie fait aussi, par lassitude de combattre, invasion chez les femmes, et Dieu sait ce que deviennent les familles quand elle envahit toute la communauté. L'accroissement du produit des contributions indirectes, que nous prenons pour un signe constant de prospérité, est ici celui de la dégradation physique et morale de la population, et l'on ne voit pas que l'administration, armée aujourd'hui de tant de pouvoirs, en fasse usage contre un si funeste désordre (2).

Le pays de La Hague se prête à de si fécondes améliorations, et la réalisation en importe tant aux plus chers intérêts de l'état, qu'on ne saurait ni désespérer d'y ramener la population, ni se dispenser de marcher énergiquement vers ce but. L'entreprise exige plus d'intelligence et d'esprit de suite que de dépense. Sur 14,966 hectares que possède le canton, 4,043 sont absolument incultes; mais ce chiffre ne comprend pas des friches auxquelles on arrache de dix en dix ans une maigre récolte : le cadastre les classe au dernier rang

---

(1) La consommation de l'eau-de-vie est très supérieure à celle du vin dans l'arrondissement de Cherbourg. Les perceptions de droits opérées pendant l'exercice 1857 y ont constaté la consommation de 5,525 hectolitres de vin,
et de.. . . . . 6,560 hectolitres d'alcool,
correspondant à. . . . . 13,120 hectolitres d'eau-de-vie.
Mais la fraude est très considérable; les populations maritimes sont peu scrupuleuses à cet endroit, et il est très probable que la consommation d'eau-de-vie d'un arrondissement qui compte 95,155 habitans n'est point inférieure à 20,000 hectolitres d'eau-de-vie, ou à 21 litres par individu.

(2) En 1852, les prisons et les dépôts de mendicité étaient tellement encombrés dans l'état du Maine, qui fait partie de l'Union américaine, qu'il était question d'ajouter plusieurs succursales à ces établissemens. Au lieu de faire construire de nouveaux bâtimens, la législature rendit une loi qui défendait sous des peines sévères la vente en détail des boissons alcooliques. Par suite de cette mesure salutaire, la misère, les délits et les crimes ont progressivement diminué dans le pays, et au bout de trois ans la population des prisons et des dépôts était tellement réduite, qu'à Portland on mettait en vente deux de ces établissemens, devenus inutiles. L'exemple donné par le parlement du Maine a été successivement suivi dans onze autres états de l'Union.

des terres cultivées, et le plateau de La Hague n'en présente presque pas d'autres. La vigueur des plantes grossières qui croissent sur ce sol en atteste la qualité; l'obstacle à la mise en valeur des terrains est la violence des vents de mer qui tordent et dessèchent les plantes utiles qu'on lui confie. Les habitants cherchent un remède à ce mal dans l'élévation de murs en terre autour des champs ; mais l'insuffisance de ces abris est manifeste, et sans une protection plus efficace ces terres ne paieront jamais l'intérêt des capitaux nécessaires à la culture. L'observateur placé sur le clocher célèbre de la cathédrale d'Anvers n'apercevait naguère sur la rive opposée de l'Escaut qu'une vaste plaine désolée ; il croit y voir aujourd'hui une forêt dont les limites se confondent avec celles de l'horizon. Qu'il pénètre sous ces ombrages : la forêt apparente est un ensemble régulier de lignes d'arbres dont le plus âgé n'a pas quarante ans. Ces plantations ont corrigé le régime atmosphérique qui frappait de stérilité la place qu'elles occupent ; quand l'orage en secoue violemment les cimes, l'air demeure calme un peu plus bas, et des sables bien plus maigres que le plateau de La Hague se sont transformés, sous leur protection, en champs fertiles. Ce qui s'est fait en Flandre peut se faire en Normandie, et qu'on ne prétende pas que de semblables rideaux de verdure ne se formeraient pas à La Hague. Comme pour démentir un préjugé que l'incurie propage pour sa justification, un habitant du Dauphiné, devenu vers la fin du siècle dernier propriétaire du château de Beaumont, a planté tout à côté, sur l'arête même de la presqu'île, un bois de 50 hectares, qui est une protestation vivante en faveur de l'aptitude à nourrir des plantations qu'on prétend dénier à ce territoire. Le bois de Beaumont porte, il est vrai, les marques des combats qu'il soutient ; mais la victoire n'en est que mieux constatée. Le rang d'arbres qui reçoit le premier choc des vents du nord est bas et rabougri ; le second le dépasse et forme avec ceux qui suivent un talus de feuillage au sommet duquel la végétation prend son niveau régulier. La seule objection que laisse debout un exemple si concluant, c'est qu'il n'a point fait d'imitateurs ; mais elle ne vient point du règne végétal, et quand les difficultés physiques sont résolues, il en reste souvent de plus grandes dans les infirmités des esprits. Les 4,043 hectares de terres incultes appartiennent en grande partie aux communes, et se prêtent à des aliénations auxquelles pourraient être attachées des conditions qui donneraient dans la contrée un vif essor aux améliorations agricoles.

Une partie considérable des communaux du pays de La Hague est exposée aux mêmes influences atmosphériques que les friches du plateau proprement dit, et n'a pas moins besoin, pour être mise en culture, d'être protégée par des plantations. D'autres communaux, naturellement abrités par les plis du terrain, permettent presque immédiatement une exploitation fructueuse, et une expérience des plus encourageantes se poursuit en ce moment même dans la vallée d'Omonville. D'autres enfin sont bons à convertir en bois, et dans ce nombre il faut compter les vastes mielles de Vauville. Malheureusement, de toutes les manières honnêtes de se ruiner, la plus sûre est peut-être de défricher des terres quand on ne dispose pas de masses suffisantes d'amendemens à leur consacrer. L'adjonction de la chaux est la condition de la mise en valeur rapide du sol argilo-siliceux du canton de Beaumont, et la chaux manque sur les lieux. Ceci ramène à la nécessité de compléter au Hable d'Omonville l'œuvre de la nature, d'y rendre faciles et économiques les mouvemens de matières encombrantes entre la terre et le bassin, de faire ramifier autour de ce futur foyer de la régénération agricole du canton des chemins qui en pénètrent toutes les parties. C'est par ce port seulement que les terres de La Hague peuvent recevoir la chaux et les autres amendemens nécessaires, et c'est par là, lorsqu'elles seront en valeur, que s'écoulera vers nos côtes, vers celles d'Angleterre et vers les îles de la Manche, l'excédant de leurs produits.

Indépendamment de leur utilité permanente, les travaux d'Omonville et de l'anse Saint-Martin auraient l'avantage transitoire de recueillir une part des nombreux ouvriers que l'achèvement des bassins de Cherbourg laisse inoccupés. Si l'on savait combiner avec l'exécution de ces entreprises la mise en culture des terres délaissées, les capitaux dont cet ensemble d'opérations comporterait l'emploi rappelleraient la population dans les lieux qu'elle a désertés, et le pays de La Hague donnerait à l'établissement de Cherbourg les approvisionnemens, les matelots, et dans l'occasion les défenseurs qu'on lui demanderait vainement aujourd'hui.

La décadence du canton de La Hague n'est malheureusement pas un fait unique dans le département de la Manche. En y considérant, abstraction faite de cette contrée, les mouvemens de la population pendant trente années, de 1826 à 1856, on la voit gagner 25,792 âmes dans les cantons de Cherbourg et d'Octeville, qui comprennent Cherbourg et ses faubourgs, et descendre, dans le surplus du territoire, de 565,362 âmes à 526,277, c'est-à-dire de près d'un quatorzième. Les villes n'ayant point diminué, c'est sur les campagnes qu'a porté l'amoindrissement, et la partie de la population qui est allée chercher fortune au loin n'était sans doute pas la moins vigoureuse. De pareils résultats seraient fâcheux partout; mais quand ce sont les appuis immédiats d'un grand établissement national qui faiblissent, un danger lointain se révèle, et aucun des soins propres à le conjurer ne peut être épargné.

On ne guérit que les maux dont on connaît à fond les causes. Ici les causes doivent être fort diverses, et une enquête attentive, canton par canton, ne serait pas de trop pour déterminer la puissance et la portée de chacune d'entre elles. L'attraction exercée par les travaux de Cherbourg suffit d'autant moins à tout expliquer qu'elle s'affaiblit en s'éloignant de son foyer, et que le tort qu'elle a pu faire à la culture en lui disputant les bras est compensé, sur des points nombreux, par l'élargissement des anciens débouchés. En l'absence des documens précis que fournirait la tenue à jour du cadastre, un fait général dont l'influence pourrait être grande appelle l'examen en première ligne. Le département de la Manche est baigné sur les trois cinquièmes de son périmètre par le *gulf-stream*, ce grand courant océanien qui, se dirigeant du cap de Bonne-Espérance sur le golfe du Mexique, apporte aux côtes du nord-ouest de l'Europe une partie de la chaleur dont il se pénètre dans son circuit au travers de la zone torride : le ciel y est à demi voilé l'été, réchauffé l'hiver, par les vapeurs tièdes dont sont chargés les vents de mer; des pluies douces en imbibent continuellement le sol. De là résultent une admirable aptitude à la production de la verdure et une extrême facilité pour la conversion des terres labourées en herbages. L'accroissement progressif du prix de la main-d'œuvre et de la consommation de la viande a, depuis trente ans, attaché des avantages considérables à ces transformations des champs, et le nombre des bras employés à la culture a dû diminuer dans la même proportion que celui des terres arables remplacées par des herbages. Les calculs d'un simple voyageur sur un pareil sujet n'ont pas plus d'autorité qu'il n'a eu de moyens d'en déterminer les bases avec précision; mais quand ce voyageur a parcouru la contrée à des intervalles éloignés, il lui est permis d'affirmer que l'aspect en a sensiblement changé, que le paysage est devenu plus vert dans beaucoup de vallées, que les teintes bistres y tiennent moins de place. La persistance du mouvement rétrograde de la population des campagnes annonce au moins qu'un tel résultat tient à des causes très prochaines. Si l'extension du pâturage aux dépens du labourage était la cause principale du fait qui ressort des dénombremens officiels de la population, il serait oiseux de le déplorer. En acceptant toutes les conséquences du climat et des nouveaux besoins de la société, il faudrait cependant ne rien négliger pour faire concourir le climat et ces besoins nouveaux à la réparation du tort qu'ils auraient causé. La température du département de la Manche diffère peu au printemps et à l'automne de celle de Paris; mais elle lui est supérieure dans les froids et inférieure dans les chaleurs d'environ six degrés, et dans cette condition moyenne elle est exempte de fortes gelées et de longues sécheresses. La végétation ne s'arrête donc presque pas dans ces campagnes; toutes les plantes qui craignent les grands froids sans exiger une chaleur extrême y réussissent; enfin la moiteur habituelle de l'air exclut dans l'arrière-saison des manipulations qui assurent ailleurs la conservation des fourrages : on n'y obtient, par exemple, presque jamais la dessiccation des foins de seconde coupe. L'obligation de les faire consommer en vert a conduit à la coutume du pâturage, qui s'est imposée à tout le pays. C'est dans le Cotentin comme dans des régions lointaines qui ne lui ressemblent guère :

> Sæpe diem noctemque et totum ex ordine mensem
> Pascitur...

Mais ici cette coutume peut amener un autre régime, celui de la nourriture au vert et à la crèche, soit à l'étable, soit en plein champ. La propagation de cette méthode serait autrement féconde que la conversion des terres labourées en herbages. On sait que l'animal au pâturage détruit par le piétinement beaucoup plus d'herbe qu'il ne s'en approprie : la faux donnerait un emploi à cette herbe perdue; la quantité de bétail serait notablement augmentée, et les ouvriers des campagnes retrouveraient beaucoup plus de travail qu'ils n'en auraient perdu. Cette transformation, très simple en théorie, très difficile dans la pratique avec une population dont l'entêtement est proverbial et la force d'inertie extrême, est sans doute la moins coûteuse et la plus efficace que puissent encourager les hommes éclairés du pays.

Les améliorations agricoles qui n'exigent point d'immobilisation de capital sont toujours les premières qu'il importe de réaliser; elles fournissent les moyens d'en accomplir d'autres, et l'ordre de priorité doit être dans l'économie administrative le même que dans l'économie privée. « La France, disait Sully, veut être gouvernée comme une métairie, » et jamais parole plus vraie n'est sortie de la bouche d'un homme d'état; mais le bien se propage dans la culture par des voies fort diverses, et la sagesse prescrit de les laisser largement ouvertes à tous. S'il est vrai que la nourriture du bétail à la crèche soit le moyen le plus économique d'accroître le produit du sol dans le Cotentin, il est constant aussi que les déceptions de bourse dans lesquelles les campagnes ont eu leur part tendent à faire refluer certains capitaux vers des emplois jusqu'ici moins favorisés, et c'est à ces capitaux qu'il faut ménager les moyens d'élargir le champ de la culture. Un ministre prescrivait naguère la mise en vente de tous les biens des hospices. Sans rechercher si les pauvres auraient gagné beaucoup à l'exécution d'une telle mesure, il est permis de remarquer que la mise en vente de ces biens n'aurait pas ajouté grand'chose à la richesse de la société : les propriétés des hospices consistent principalement en bois et en terres affermées; en changeant de possesseurs, elles n'auraient pas changé d'état et ne seraient guère devenues plus productives. Si la sollicitude ministérielle s'était appliquée aux biens communaux, elle aurait été mieux récompensée (1). Les forêts exceptées, ces biens susceptibles ou non de culture sont voués par le parcours du bétail et l'incurie des gérans à la même stérilité, et la question si souvent débattue du maintien dans l'état de mainmorte ou de l'envoi dans le commerce de ces propriétés se réduit à savoir lequel vaut mieux pour une nation des terres cultivées ou de celles qui ne le sont pas.

Le département de la Manche a sa part dans le débat; mais il suffira de remarquer ici que les biens communaux y comprennent une étendue de 22,075 hectares, taxés d'après la loi du 20 février 1849 à 27,708 fr., rapportant par conséquent 20 fr. au plus par hectare, ce qui est fort au-dessous du produit moyen des terres dans le pays: partout où il existe des communaux, on aperçoit, en en comparant l'état à celui des usurpations commises sur leur périmètre, combien serait profitable la sécularisation de ces terres, dont l'étendue est le vingt-septième du département. Cette mesure impliquerait l'immobilisation d'un capital de 5 millions en plantations, en défrichemens, en constructions, et la création ultérieure d'une valeur

(1) La loi du 20 février 1849, qui soumet les biens de mainmorte à une taxe représentative des droits de mutation, a donné lieu à la formation de tableaux exacts de ces biens. Voici les étendues de ceux que possèdent sur la totalité du territoire

	Les communes.	Les hôpitaux et hospices:
Terres en culture....................	319,749 hect.	162,547 hect.
— en bois......	1,771,349	31,068
— incultes....................	2,750,235	14,029
	4,841,333 hect.	207,644 hect.

Ainsi, sur 1,000 hectares, 568 sont incultes dans la propriété des communes, et 66 seulement dans celle des hospices : ce dernier rapport est à peu près celui qui se produit dans la propriété privée. Ajoutons que le principal de la contribution foncière, assise sur les 162,547 hectares de biens cultivés des hospices, est de 667,121 fr., tandis que celui des 319,749 hectares de biens cultivés des communes n'est que de 526,158 fr. Les biens des communes paient 1 fr. 65 c. par hectare; ceux des hospices 4 fr. 10 c., et cette différence répond probablement à celle des valeurs des cultures. L'étendue des biens incultes des communes est de 56,794 hectares supérieure à celle des quatre départemens de la presqu'île de Bretagne.

annuelle de 2 millions en denrées. Ce serait, pour le travail et la richesse, l'équivalent d'un canton ajouté au département de la Manche.

Les communaux ne sont pas les seules terres qui dans ce département réclament des habitans et des capitaux. L'état possède, sous la forme de *mielles*, des relais de mer dont la lisière s'étend presque sans interruption du Cap-Lévy au cap de Barfleur, et des falaises de Jobourg à la baie du Mont-Saint-Michel. On voit aux portes de Cherbourg un exemple instructif de ce que peuvent devenir ces sables trop grossiers et trop lourds pour se mamelonner en dunes. Le 27 mai 1811, Napoléon considérait du haut du fort du Roule l'ensemble de l'établissement maritime dont il venait assurer le développement : il aperçut à sa droite, le long de la mer, une solitude sablonneuse où de rares bouquets de ronces témoignaient seuls d'un peu de faculté végétale : c'étaient les mielles de Cherbourg et de Tourlaville, propriété stérile de l'état. Il en fit concession à la ville, sous la condition qu'après y avoir tracé des chemins et amené des eaux, elle les vendrait en détail. Un faubourg peuplé de 5,500 habitants s'est construit sur ces terres désolées, et le reste, couvert de fourrages, de racines, d'arbres fruitiers, de légumes, vaut aujourd'hui de 3 à 5,000 fr. l'hectare.

Ces sables reposent, il est vrai, sur un sous-sol argileux; les vases du port, les immondices de la ville en ont accéléré la culture, et une population nombreuse était prête à les arroser de ses sueurs. Un telle réunion de circonstances favorables ne se rencontre pas partout, mais elle n'est point indispensable à la réalisation de grandes améliorations; seulement il y faut plus de patience et moins d'ambition. Des sables qui sont précisément ce qu'étaient il y a cinquante ans les mielles de Tourlaville forment le long de la mer, à l'est du Cap-Lévy, une lisière de 1,400 hectares d'étendue. Rien n'est plus aisé que de rapprocher le jour où ils seront mis en culture. Un peu plus loin, le phare de Barfleur se dresse au milieu de landes arides, que les marins dont il éclaire les demeures se chargeraient certainement de féconder. Sur la côte occidentale du Cotentin, les tanguières placent à côté des mielles le plus énergique élément de fertilisation qu'on y puisse appliquer. Les coquilles marines broyées qui forment les tanguières fournissent le principe calcaire dont l'association avec des sables siliceux a déjà fécondé bien des plages désertes. Sur des points nombreux, entre lesquels se remarquent au-dessous de Coutances les potagers d'Agon, la mielle cultivée est limitrophe de la mielle sauvage, et des tapis de verdure, encadrés dans des sables nus auxquels ils ressemblaient naguère, montrent à quelles transformations se prêterait leur voisinage. Aux portes de Granville notamment, les miracles des mielles de Tourlaville se renouvelleront au premier signal sur un bien plus vaste champ; là aussi s'offrent des masses d'engrais perdus et des quantités de bras disponibles. Qu'on ne croie pas qu'il s'agisse ici d'une superficie insignifiante : les terres incultes comprises dans les communes de la partie du littoral qui s'étend entre le cap de La Hague et la baie du Mont-Saint-Michel embrassent 14,251 hectares; la plus grande partie en est à l'état de miellés, et appartient, comme relais de la mer, au domaine public. L'état gagnerait beaucoup à l'aliénation, fût-elle gratuite, de ces terres inertes; sans aucune valeur entre ses mains, les mielles ne peuvent en acquérir que par le travail et les capitaux qui s'immobiliseront dans leur sein : en les faisant passer dans le domaine privé, l'administration des finances créerait une nouvelle matière imposable, et l'on peut ajouter qu'elle ferait naître aussi des matelots, car c'est à des familles de marins qu'est presque exclusivement dévolue la culture des terres dans les communes du littoral.

Toutes les terres incultes du département de la Manche, qu'elles appartiennent à l'état, aux communes, à quelques autres établissemens de mainmorte ou aux particuliers, forment une superficie de 46,000 hectares. La portion de ces terres qu'on ne pourrait ni cultiver, ni boiser, est très restreinte. Aucun autre territoire en France ne se prête mieux à la mise en valeur des terres abandonnées, et s'il était nécessaire de chercher hors de nos frontières des exemples encourageans, on les trouverait dans un pays dont le sol et le climat présentent la plus frappante analogie avec ceux du Cotentin. On sait qu'un des grands actes de l'administration de M. Pitt fut la conversion des biens communaux de l'Angleterre en propriétés privées : la culture fit ainsi la conquête d'un petit royaume intérieur; les meilleurs procédés agricoles y furent appliqués sans gêne et sans préjugés, et les entreprises faites sur les terres de cette origine ont contribué plus que toute autre cause à imprimer à l'agriculture britannique l'essor qui l'a rendue l'objet de l'envie et de l'admiration de l'Europe.

L'extension du sol forestier peut et doit marcher dans le département de la Manche de front avec celle du sol arable. Quand les plantations et les semis n'auraient pas l'avantage de donner aux cultures des abris contre la violence des vents de mer, il faudrait les propager dans l'intérêt de la navigation et par économie des amendemens qu'exigent impérieusement toutes les autres sortes d'améliorations. A une époque qui, comptée par générations d'arbres, paraît peu éloignée de nous, la presqu'île du Cotentin était, selon le témoignage de Vauban et des anciens cartulaires, couverte de bois durs, particulièrement de chênes. La terre, fatiguée d'y produire ces essences, semble réclamer l'application de cet assolement, aussi nécessaire aux grands végétaux qu'aux petits, qui s'établit de soi-même sous nos yeux dans les Alpes et les Pyrénées, et fait succéder alternativement les uns aux autres les bois durs et les bois résineux. La semence des derniers manque malheureusement dans le pays, et l'acclimatation de ces espèces vulgaires ne serait pas indigne de la sollicitude d'une société à laquelle la France doit déjà beaucoup de raretés. Dans d'assez longues courses au travers de la presqu'île, je ne me souviens d'avoir aperçu de conifères bien choisis et bien venans qu'à Martinvast, chez M. le comte du Moncel : la propagation de cette famille d'arbres dans un pays qui consomme beaucoup de petits bois de mâture pour les besoins de la pêche et du cabotage ne serait pas le moindre bienfait de cet éminent agriculteur.

Vauban appelait Cherbourg *l'auberge de la Manche*, et n'en trouvait pas la position moins hospitalière qu'audacieuse. Pour que la ville et le port remplissent cette destination, il faut que la culture prenne un essor vigoureux dans tout le rayon d'approvisionnement auquel ils correspondent, et nulle part on n'est plus fondé que dans le Cotentin à regarder le progrès agricole comme la base la plus essentielle des développemens de la navigation.

IV.

L'histoire civile et commerciale de Cherbourg est moins brillante et moins remplie que son histoire militaire. Les échanges ne pouvaient pas être fort actifs dans une ville maritime que des montagnes, des forêts, des marécages, condamnaient à une sorte d'isolement territorial, et cet état de choses était souvent aggravé par les luttes armées dont Cherbourg était le but ou le théâtre. Les choses sont aujourd'hui changées ; les forêts sont éclaircies ou détruites, les montagnes sont aplanies ou tournées, les marais sont desséchés, la rade créée pour les besoins de la guerre est au service de tous les intérêts de la paix, et l'établissement militaire est pour le commerce local un acheteur qui dépasse jusqu'à présent en importance tous les autres réunis.

Cherbourg se montre pour la première fois, sous le duc Guillaume II, au rang des villes qui comptaient en Normandie. Ce prince y fonda en 1053 l'un des quatre hôpitaux dont la construction et la dotation furent une des conditions de la levée de l'excommunication qu'il avait encourue en épousant, sans dispenses du pape, Mathilde de Flandre, sa cousine germaine. Les trois villes qui reçurent de semblables dotations furent Bayeux, Caen et Rouen, et l'on peut conclure de cette circonstance que Cherbourg était alors la quatrième du duché. Lorsque Guillaume eut conquis l'Angleterre et placé sous le même sceptre les deux rivages de la Manche, les relations se multiplièrent entre les ports riverains, et c'est probablement à cette époque de sécurité que remonte l'établissement d'un commerce régulier entre Cherbourg et l'Irlande. Ce commerce était fait par un bâtiment qui partait chaque année de Cherbourg, et Philippe-Auguste trouva la ville en possession de ce privilége, lorsqu'il conquit en 1203 le Cotentin. Il l'y maintint en 1207. C'était un temps en effet où le commerce ne se faisait qu'à l'abri d'un privilége; Rouen en avait un semblable, et les avantages du trafic entre l'Irlande et la France furent dès lors partagés entre ces deux ports.

Il faut arriver au règne de Louis XIV pour voir, après cette époque, poindre quelque industrie à Cherbourg. Les guerres dont le pays fut si longtemps la victime suffisaient pour exclure toute autre préoccupation; mais, quand elles eurent cessé, des fléaux qui les avaient accompagnées continuèrent à s'appesantir sur la population. Les épidémies qui sous le nom de peste étaient au moyen âge le résultat naturel de la mauvaise construction des villes et de l'absence de toute police sanitaire ravagèrent Cherboug en 1504, 1517, 1554, 1594 et 1623. La description que donne Vauban dans son mémoire de 1686 des rues étroites et humides, des hautes murailles interceptant la circulation de l'air, de l'entassement de population qui s'offrirent à ses yeux, des lagunes infectes que formait en dehors des portes le mélange des eaux de la mer avec celles de la Divette, n'explique que trop bien les retours périodiques de maux si faciles à conjurer. Vauban abattit l'enceinte gothique du moyen âge, fit pénétrer l'air et la lumière dans le cloaque qu'elle enveloppait, élargit les issues, donna de l'espace pour des constructions neuves, y fit refluer les habitants trop pressés dans de sombres demeures, creusa pour l'établissement du port une partie des lagunes, combla l'autre avec les déblais, et si ses travaux de défense eurent le sort inattendu que leur firent Louis XIV et Louvois, le bienfait des nouvelles conditions d'existence dont il dota la ville fut définitivement acquis. Cherbourg jouit depuis cette époque de la plus parfaite salubrité. Une vingtaine d'années avant l'intervention de Vauban, Colbert avait envoyé de jeunes ouvriers à Venise pour en rapporter l'art de fabriquer des glaces; il les établit aux portes de Cherbourg, à Tourlaville, où pouvait être bien placée, quand les montagnes environnantes étaient couvertes de bois, une industrie qui en consomme beaucoup. Cette manufacture était une de celles que les Anglais voulaient absolument brûler en 1758, et qu'ils se contentèrent de mettre à rançon : devenue une succursale de celle de Saint-Gobain, elle donnait en 1780 du travail à cinq cents ouvriers, et n'a été supprimée que de nos jours, lorsque la rareté du bois ne lui permettait d'exister qu'à des conditions onéreuses. M. Le Peletier, dans son inspection des côtes de l'Océan, trouva en 1700 à Cherbourg une population de 4,200 habitans, et le matériel naval du port comprenait trente bâtimens de 50 à 300 tonneaux. Coulomb, de l'Académie des sciences, appelé dans sa jeunesse, c'est-à-dire vers 1760, à Cherbourg, par les fonctions d'officier du génie, en évaluait le nombre d'habitans à 6 ou 7,000, et remarquait que celui des décès y était annuellement de 220. Le port possédait alors 20 navires de long cours et 35 caboteurs. Le marché local était peu de chose, et l'on ne naviguait au loin que pour le compte d'autrui. On se rendait sur lest en Amérique, et l'on en revenait chargé pour le commerce du Havre, de Nantes et de Bordeaux (1).

De cette époque au temps où les travaux du port militaire furent entrepris, la population demeura stationnaire : elle s'accrut promptement sous l'impulsion qui fut donnée à ces travaux. Des ouvriers de toutes professions accoururent en foule, les approvisionnemens des ateliers, l'entretien des travailleurs devinrent les objets d'un commerce considérable; mais il était impossible de distinguer dans ces masses flottantes ce qui n'était que passager de ce qui devait se fixer, et l'on ne put avoir quelques notions exactes à ce sujet qu'au recensement de 1797, qui, venant à la suite de huit années d'interruption des travaux, ne comprenait guère que le résidu qu'ils avaient formé. La ville comptait alors 11,362 habitans. Elle en avait peu perdu en 1803; mais elle entra aussitôt dans une nouvelle période ascendante, dont le dernier terme est le seul qu'il importe de signaler ici : elle possédait au recensement de 1856 une population de 27,159 âmes, et en négligeant les singularités des délimitations administratives, il y faudrait ajouter 5,511 habitans du faubourg de Tourlaville et 4,304 de celui d'Equeurdreville, ce qui porterait l'agglomération totale à 36,974. Les états officiels mettent à côté de ces chiffres 11,150 âmes de population flottante, dans laquelle entrent la garnison et les hommes classés dans l'inscription maritime; mais la manière dont on les compte autoriserait peut-être, quand il ne s'agit que de la ville de Cherbourg, à en réduire un peu le nombre.

Le port de commerce a une part considérable dans les causes de cet accroissement de la population, et l'on en admirerait beaucoup

---

(1) *Documens du dépôt des fortifications.*

les jetées, l'avant-port, le bassin à flot et les quais de granit, sans le tort que lui fait le voisinage du port militaire. Ces trois parties de l'établissement sont disposées sur un axe commun, orienté du nord au sud, et le bassin du commerce a 412 mètres de long sur 150 de large; il se termine au fond par des chantiers de construction qui seraient tout aussi bien au bord de la rade, et dont l'emplacement sera quelque jour employé à l'agrandir. Les constructions navales sont et doivent demeurer la première industrie de la ville. Suivant les besoins respectifs, les chantiers de l'arsenal empruntent ou restituent des ouvriers à ceux du commerce, et les exemples des ingénieurs de l'état profitent naturellement au voisinage. Aussi les navires de Cherbourg sont-ils fort prisés dans nos ports et dans ceux de l'étranger. Le matériel naval de la ville elle-même consiste aujourd'hui en 155 navires jaugeant 15,535 tonneaux, et il est en voie d'accroissement régulier. Le mouvement d'entrée et de sortie du port, après avoir été en décadence de 1848 à 1852, se relève rapidement (1) sous l'influence des nouvelles communications qui se ramifient et des travaux qui s'organisent dans le rayon d'exploitation.

Il ne faut pas ambitionner pour la ville de Cherbourg l'acquisition de ces industries énervantes qui s'exercent dans l'enceinte d'ateliers clos : sa position lui assigne une destination plus enviable et un rôle plus utile au développement de notre navigation. Cette *auberge de la Manche* doit être le marché des provisions de bord dont s'alimentent et la flotte militaire et les navires marchands qu'appelle sa rade hospitalière; de grands dépôts de houille s'y formeront quelque jour pour que rien ne manque à l'assortiment des secours que recherche la navigation, et ses chantiers de construction, ses magasins d'agrès doivent devenir le but des bâtimens à réparer dans ces parages. Les jeunes gens d'aujourd'hui verront la rade bordée d'établissemens variés où se réuniront tous les moyens de ravitaillement de la navigation.

Ce n'est pas d'aujourd'hui que la marine marchande règle le

(1) Le tonnage du port de commerce, tout à fait distinct de celui que donneraient les mouvemens du port militaire, a été dans les dix dernières années :

1848	134,009	tonneaux.
1849	125,140	—
1850	125,364	—
1851	114,054	—
1852	110,862	—
1853	125,510	—
1854	142,642	—
1855	150,944	—
1856	192,943	—
1857	195,205	—

tonnage de ses navires sur la longueur des distances qu'ils ont à parcourir; mais la multiplicité croissante des relations entre les régions les plus lointaines appelle plus vivement que jamais notre attention sur de vieux et logiques calculs, dont la récente construction du *Léviathan* a été une conséquence exagérée. Partout on augmente dans des proportions inconnues au siècle dernier les dimensions des navires de long cours, et quand les constructions navales s'élargissent, il faut changer la forme ou la place des ports destinés à les recevoir. Cette préoccupation, plus forte aujourd'hui que jamais, se faisait déjà sentir en 1822. Chargé à cette époque de déterminer l'emplacement du meilleur atterrage de l'embouchure de la Loire et de trouver dans ces parages les moyens d'offrir aux navires venant de mers éloignées un atterrage mieux pourvu d'eau que celui du Havre, M. Beautems-Beaupré remarqua que ce n'était point là qu'il fallait le chercher, que l'embouchure de la Loire et celle de la Seine se valaient à peu près, et il ne put s'empêcher d'ajouter que, si jamais la grande navigation désertait Le Havre pour un autre port, ce port serait Cherbourg, où la sûreté de la rade et la profondeur de l'eau ne manqueraient pas de l'attirer. Réduite à ses élémens hydrographiques, la question n'était pas douteuse; mais il existait du côté de la terre des obstacles qui neutralisaient les avantages maritimes de Cherbourg. Son port n'était desservi que par des routes carrossables; ceux de Nantes et du Havre l'étaient par deux beaux fleuves, et quand il s'agissait d'atteindre les grands marchés intérieurs, l'accroissement des dépenses du trajet par terre balançait, et au-delà, l'économie obtenue sur le trajet par mer. Les chemins de fer ont changé cet état de choses : le transport y est moins cher que sur la Seine et la Loire à la remonte, et ces voies rapides opèrent sur la surface entière du territoire un nivellement qui réduit à de simples questions de distance les questions, auparavant si compliquées, de l'économie des transports. Les frais de transport entre Paris, considéré comme foyer de la circulation d'une part, et de l'autre Le Havre, Cherbourg et Saint-Nazaire, sont respectivement comme les nombres 229, 370, 491, qui expriment les longueurs en kilomètres de ces trois lignes, et le peu de différence qui existe entre elles laisse intacte la prédominance des avantages nautiques du port de Cherbourg. De tels avantages sont de ceux qui ne s'achètent ni ne se déplacent, et, quoi qu'on fasse, les embouchures de la Seine et de la Loire n'admettront jamais tous les grands bâtimens qui entreront à Cherbourg. Peu importe que le chemin de fer, livré à l'entreprise à des Anglais, ait été construit avec cette parcimonie négligente des intérêts de l'avenir qui fait payer à l'exploitation l'épargne faite sur le capital du premier établissement; fût-il encore plus défectueux, il n'en étendrait pas moins le rayon des relations du port dont il côtoiera un de ces jours les quais, et l'intervention de cette concurrence sur le marché général peut y amener une révolution. Pour peu que l'Amérique agrandisse encore le tonnage des bâtimens avec lesquels elle apporte le coton en Europe, pour peu que la Hollande et l'Angleterre l'imitent dans le commerce des denrées coloniales, nous ne pourrons recevoir directement ces marchandises et réexpédier de même les nôtres en échange qu'à la condition de le faire par Cherbourg. Les effets probables de ce concours de circonstances naturelles et de combinaisons commerciales méritent qu'on y réfléchisse, et quand on les étudiera, on pourra trouver des bases de conjectures plausibles dans la révolution qui s'opère en face de Cherbourg, à Southampton, où abordent aujourd'hui les paquebots transatlantiques, indiens et australiens, qui n'entreraient commodément sur notre rive de la Manche qu'à Cherbourg. Il est clair que si de telles éventualités venaient à se réaliser, la superficie et la profondeur du port de commerce devraient augmenter; mais cette perspective n'a rien d'inquiétant, et les remaniemens dont la plage a été l'objet depuis Vauban ont préparé le pays à la voir se transformer encore.

Il ne se fait plus dans le commerce du monde de révolutions isolées, et si celle qui commence dans le tonnage des navires de long cours persiste, il faudra bien la suivre. La réalisation de cette éventualité mettrait l'avenir commercial de Cherbourg au niveau de son avenir militaire, et pourrait aller jusqu'à donner une destination pacifique à plus d'une création conçue dans un tout autre dessein. En attendant, la ville, telle qu'elle est, offre, malgré son antiquité, l'aspect d'une ville née d'hier, et elle l'est en effet, puisque l'ancien sol, enseveli sous une couche de débris et de remblais, correspond à une faible partie de la superficie actuelle. Cherbourg n'a de monumens que ses quais de granit, ses bassins, son établissement maritime; ses promenades sont ses jetées, ses spectacles les mouvemens de sa rade. La voirie et la tenue générale de la ville ont fait depuis quelques années de visibles progrès; mais les établissemens municipaux sont mesquins, et l'on ne saurait s'en plaindre avec justice : il faut à tout l'action du temps (1).

L'Angleterre a beaucoup à gagner à la prospérité du port de commerce de Cherbourg; le port militaire ne menace point sa sûreté :

(1) Un seul de ces établissemens mérite l'attention des étrangers : c'est le musée, où l'on admire un certain nombre de tableaux des écoles italienne, flamande et espagnole. Cette collection est un don d'un enfant de la ville, M. Henry, et l'exemple de patriotisme qu'il a donné fera sans doute naître des imitateurs.

il est la garantie de celle de nos côtes et de la libre navigation de la Manche contre les entreprises de ceux qui ne respectent que la force. C'est assez pour nous et pour les nations maritimes de second ordre; nous ne devons pas songer à lutter sur mer avec l'Angleterre. Le tonnage du matériel du commerce, qui est la mesure la plus exacte des forces navales des peuples, était ainsi réparti en 1856 :

	Angleterre.	France.
Bâtimens à voile	3,825,022 tonneaux.	934,657 tonneaux.
— à vapeur	331,055 —	63,926 —
Totaux	4,156,077 tonneaux.	998,583 tonneaux.

Notre matériel à voile n'est donc pas le quart, et notre matériel à vapeur le sixième de ceux de nos voisins, et ils pourraient perdre impunément plus de batailles que nous n'en saurions gagner. Voilà ce qu'il faudrait rappeler à la France, si une idée exagérée de sa puissance la poussait à des entreprises imprudentes. Mais si nous prêtons volontiers l'oreille à des vérités pénibles, l'Angleterre, de son côté, sait aussi bien que nous que, depuis les progrès récens de l'artillerie, le combat naval n'est plus qu'un meurtre social qui ne termine rien, et que l'emploi de la marine sera surtout désormais de transporter des troupes de terre sur les points stratégiques où se décident les grandes questions. Elle a plus de vaisseaux que nous; nous avons plus de soldats qu'elle : l'équilibre existe entre nous. Si quelque chose y manque sur la Manche, souvenons-nous que, pour élever l'établissement de Cherbourg, il faut en élargir la base : ce sera ajouter aux motifs déjà si nombreux qu'ont les deux nations de se respecter mutuellement.

Paris. — Imprimerie de J. CLAYE, 7, rue Saint-Benoît.

www.ingramcontent.com/pod-product-compliance
Lightning Source LLC
LaVergne TN
LVHW020959090426
835512LV00009B/1971